基于学生核心素养培养的化学教学实践

温海波 主编

吉林出版集团股份有限公司

图书在版编目（CIP）数据

基于学生核心素养培养的化学教学实践 / 温海波主编 . — 长春 : 吉林出版集团股份有限公司, 2019.5

ISBN 978-7-5581-7011-9

Ⅰ . ①基… Ⅱ . ①温… Ⅲ . ①中学化学课–教学研究 –高中 Ⅳ . ①G633.82

中国版本图书馆 CIP 数据核字（2019）第 141872 号

基于学生核心素养培养的化学教学实践

JIYU XUESHENG HEXIN SUYANG PEIYANG DE HUAXUE JIAOXUE SHIJIAN

出 版 人：吴文阁

著 者：温海波

责任编辑：赫金玲

装帧设计：中图时代

开 本：710 mm×1000 mm 1/16

印 张：10

字 数：180 千字

版 次：2019 年 5 月第 1 版

印 次：2021 年 3 月第 2 次印刷

出 版：吉林出版集团股份有限公司

发 行：吉林音像出版社有限责任公司

地 址：吉林省长春市净月区福祉大路 5788 号出版大厦 A 座 13 层，邮编：130000

电 话：0431-81629679

印 刷：北京军迪印刷有限责任公司

ISBN 978-7-5581-7011-9 定价：36.00 元

目　录

第一章 理解课堂转型的含义

目前,基础教育课程改革进入了向"内涵发展"的阶段。为了充分发挥课程在人才培养中的核心作用,教育部《关于全面深化课程改革落实立德树人根本任务的意见》提出,"教育部将组织研究提出各学段学生发展核心素养体系,明确学生应具备的适应终身发展和社会发展需要的必备品格和关键能力","研究制订中小学各学科学业质量标准","指导教师准确把握教学的深度和广度","要从实际情况和学生特点出发,把核心素养和学业质量要求落实到各学科教学中"。文件指出,"各地要启动实施一批教学改革项目,激发学校和教师创新育人方式方法"。基础教育课程改革向"内涵发展",必然要聚焦于学科教学,聚焦于课堂。

依据基础教育课程各个学科核心素养的培养要求,要研究课堂教学存在的问题,研究课堂教学的改革,使学科的课堂教学真正转向发展学生的学科核心素养的轨道上来。这样才能真正做到基于课程标准开展教学,通过各个学科课程的教学,帮助当代学生形成"中国学生发展核心素养",实现立德树人的总目标。这是探索课堂转型的根本目的。

第一节 课程改革呼唤课堂教学性质和任务的转换

提起课堂教学,一般人,自然地想到的是教师在教室中上课,学生在教室中听课。教师、教学研究人员,则会用专业语言来说明他们的观点。例如:

课堂教学是教师按照预先编写的教案,在给定的时空里,运用一定理论、技能、手段和方法,给班级的学生进行讲授、对话、辅导答疑、操作示范的活动。

课堂教学是一种目标明确、按计划、有组织、有步骤的教师的教与学生的学相结合的双边活动过程。

课堂教学是学校最主要的教学组织形式,是在可稳定持续使用的场所(如教室、实验室、操场等)、有特定的教学设施支持下进行的教学活动。

第1种看法,着重从教师的教学活动来描述,学生只是教师活动的受众;第2

种看法,认为课堂是教师的教与学生的学的双边活动;第 3 种看法,强调课堂教学所需要的场所和设施。

课堂教学,需要教师、学生、教学场所、设施、教材、教具、教学制度、教学计划等。这些课堂教学硬件以及可以编写成条文的管理制度构成了课堂教学的形体。课堂教学的灵魂是什么？教师应该怎样看待、理解教学目标,怎样选择教学内容,怎样处理教和学、教师和学生的关系,怎样激发学生的学习欲望和学习主动性,怎样设计、组织学习活动,这些决定课堂教学方向和效果的根本性问题,应该是课堂教学的灵魂。形体类似的课堂教学可能有完全不同的灵魂。研究课堂教学,要研究它的形体,更要研究寓于形体里的灵魂。

我国传统的课堂教学,主张教师严格地按照教学大纲规定的教学目标和教学内容编写好教案,以大纲、教材的文本和自己的认识与经验设定教学起点,按五个环节(组织教学、复习旧课、讲解新课、巩固新课、布置作业)来设计组织教学。教师采用细密的逻辑演绎,用一连串窄小的问题通过设问、提问来配合讲演;学生则专心听讲,顺着教师设计的思路接受前人研究所记录下来的文本知识,再完成练习,巩固所学的知识。这种教学追求教学进度和预设教案的顺利实施,因此,课堂常常成为"教案剧"的演出舞台,教师是主角,接受能力强的学生是配角,多数学生是"群众演员"乃至"观众或听众"。在这样的课堂教学里,主角和配角如果能成功地演绎预先设定的教案,教学就是成功的。这是传统课堂教学评价里属于具有正常灵魂的课堂。

基础教育课程改革的推进,使传统的课堂教学的弊端逐渐被人们所认识。以知识技能的传授为本位,以认知目的实现为中心,重知识结论、研究结果的理解和记忆,忽视知识的形成过程;压缩甚至取消了学生学习的思维和探索活动,弱化了学习、研究方法的启迪和教育;忽视了学生学习的主体地位,单向灌输的教学方式,让学生习惯于被动听、记、练,应付检查考试的学习方式,剥夺了学生自主探索、独立获取知识的机会,使师生关系蒙上了对立的阴影。过分强调选拔、淘汰,让学习同伴间竞争气息浓厚而合作交流氛围淡薄。过分强调文本,忽视学习内容与自然、社会、生产、生活实际的联系,使教学内容显得枯燥,难以激发学生的学习兴趣,丢失了情感、态度、价值观的教育。缺乏探究、质疑,注重听、记、练的课堂教学方式,使多数学生习惯于模仿、依赖,泯灭了创意和创造性……

十余年的改革实践,人们已经意识到课很大程度上取决于课程改革的意识和理念是否能在课堂中生根发芽。提出课堂转型,就是要从教学目标、教与学的内容、教师和学生的关系、教学方式和学习方式、教学评价等方面实现观念和教学策略、方式方法的转变:

把课堂教学目标从单纯的学科知识与技能的传授、应试能力的培养转换为学科核心素养的发展上;

依据课程标准规定的教学内容,联系学生生活经验和社会生产生活实际,创设学习情景,营造能激励学生主动参与学习活动的氛围,依据教学需要,灵活运用各种学习方式开展教学活动;

把课堂转换为学堂,让学习活动成为课堂教学的中心,教师要把精力从专注于自己的讲授转换到精心组织学生的主动与合作学习上,发挥鼓励、支持、协同学生学习的作用;

教师在课堂教学活动的设计、组织中,要充分尊重学生主动学习的权利,支持、帮助学生学习,和学生一起参与课堂学习活动,实现教学相长;

对课堂教学效果的评价,不能只看教师讲解的精彩与否、学生知识技能掌握的程度、应试能力提升了多少,要着眼于学生学业质量标准的达成、学科核心素养培养的效果。

第二节　两种不同倾向的课堂教学

从当前课堂教学的现状和课程改革的要求做比较,可以看到传统课堂教学的一些弊端还普遍存在。要实现课堂教学在教学目标确定,教与学内容的选择,教师与学生关系的处理,教学方式、学习方式的变革,教学活动重心的转移诸方面的转型,还需要教师们不断地艰苦探索。

每位教师在课堂教学的设计和组织上,都要面对并用自己的教学行为回答四个方面的问题:

(1)如何确定课堂教学目标,如何选取教学内容和创设教学情景;

(2)怎样看待教师与学生的角色地位,怎样处理师生关系;

(3)选择什么样的教学模式设计组织教学活动,运用什么样的教和学的方式;

(4)从什么角度、怎样评估课堂教学效果。

一般说来,对上述课堂教学的四个方面问题的基本认识和处理方式有两种不同的倾向。

例如,课堂教学目标的定位是以培养升学应试能力为主旨,还是注重于课程的三维学习目标的融合? 课堂教学效果的评估是单纯从知识重点、升学考试考点的落实与否来考察,还是着眼于学生学科核心素养的发展、三维学习目标的达成;是按照教材的文本知识讲授、灌输,让学生记忆背诵,套用题型去解题,靠强化训练积累应试经验,还是密切联系学生的生活经验和自然、生产、生活实际来创设学习情景,引导学生把已知世界和未知世界联系起来,去发现、创造新的知识? 在教的行为的设计上,是注重教学内容重点、难点讲解的全面、透彻、精到,还是注重调动学生参与学习活动的主动性,激发学生对学习内容提出质疑、进行探究的积极性? 在师生关系的处理上,是要求教师精于讲演,学生专注听讲,配合默契,还是要求师生形成教学共同体,开展对话、交流,形成浓厚的合作学习与探究氛围?

看待、处理课堂教学上述四个方面问题的不同观点、态度和方式,实际反映了两种不同的教育观念、不同的教学思想。对教师、学生在课堂教学中角色、地位的不同认识,对两种不同的课堂教学方式和学习方式的认识和态度,必然导致不同的教学效果,对学生核心素养发展和形成产生不同的影响。

[案例 1-1] 初中化学"燃烧和燃烧条件"教学基本过程的分析与对比

课堂教学片段段 A

[复习与新课引入]

[教师讲解] 我们已经知道燃烧是发光发热的剧烈的化学反应。

(放映古人燃烧煮食物、钻木取火、火灾、火箭发射燃料燃烧等画面与录像)

大家知道这些燃烧现象是怎么发生的吗? 燃烧需要什么条件?

[板书] 二、燃烧的条件

[教师讲解] 请大家观察老师演示的三个实验,思考三个实验能否告诉我们燃烧需要什么条件。

[演示实验] 用玻璃棒分别蘸水、酒精,置于酒精灯火焰上,让学生观察哪种物质发生燃烧;点燃蜡烛,用玻璃杯罩住,让学生观察蜡烛逐渐熄灭,提问为什么蜡烛会熄灭;用酒精灯加热薄铁片上的一小粒白磷和一些红磷粉末,并让火焰靠近放红磷的一边,让学生比较两种物质被引燃的先后,提问学生看到什么。进而要求学生回答,三个实验的结果说明了什么。

[总结] 正如大家看到和总结的,燃烧需要有可燃物、空气或氧气,还要使可燃

物的温度达到它的着火点。

[板书]燃烧的三个必要条件。

[教师讲解]大家知道,燃烧给人类带来许多好处(举例讲解)。但是,火灾也会给我们带来生命财产损失(观看录像,讲解火灾案例)。

我们要怎样防止和扑灭火灾呢? 请大家举例说明。

(提问学生,教师点评并归纳。引用多种实例说明把燃烧的三个条件中的任一个条件去掉,都可以达到防火或灭火的目的)

[板书]三、灭火的原理和方法

课堂教学片段B

[引入课题学习]

许多物质在氧气或空气中可以燃烧。燃烧都是发光发热的剧烈的化学反应。化学反应要有反应物。燃烧的反应物一是可以燃烧的物质——可燃物,二要支持燃烧的氧气或空气。但是,有了可燃物、氧气或空气,燃烧是不是一定会发生?

[板书]二、燃烧的条件

[教师讲解]我们从生活经验中知道,木炭要燃烧,必须要点燃;要使用酒精灯加热,要先取下灯罩,点燃酒精灯;煤气炉也要用电子打火器点燃。那么能不能说,燃烧要有可燃物、氧气或空气,此外,还必须把可燃物点燃?

请大家讨论。

(学生讨论,教师观察、聆听学生的讨论,不时参与学生间的讨论,而后请几位同学发言,再做补充讲解)

[教师讲解]几位同学的发言都认为燃烧要有可燃物,要有氧气和空气,这确实是燃烧必不可少的条件。点火是不是燃烧必须的条件? 有的同学认为,有可燃物、有氧气,燃烧迟早会发生,只是时间问题;有的同学认为如果没有点火,就不会发生燃烧;有的同学认为,点火不是燃烧的必要条件,因为书上没有这么写,而是说温度要达到可燃物的着火点;还有的同学认为点火会引发燃烧,但没有点火,也可能引发燃烧,像电线着火、干燥天气里森林突然发生的火灾等。究竟哪种说法有道理? "书上说的道理",是什么道理呢?

"要点火才能引发燃烧"和我们日常生活中看到的许多事实符合,但是教材上并不是这么写的,为什么? 电线着火、干燥天气里森林突然发生的火灾,说明没有点火,也可能发生燃烧。这能不能证明,有可燃物、有氧气,燃烧迟早会发生? 如果是,说明只要以上两个条件就可能发生燃烧,你能给这种说法提供证据吗?

(学生议论,教师聆听,而后做启发式讲解)

[教师讲解]划着一根火柴可以点燃一张纸,却点不着一根粗木条;用几张纸燃烧可以点着一根木棍,却点不着一块煤炭;将木头一起燃烧就能点燃煤块。这是为什么? 一根火柴、几张纸、几根木头的燃烧,有什么不同,为什么引燃的效果不同? 为什么没有点火,电线会着火,森林中会突然发生火灾? 为什么钻木可以取火?

(放映钻木取火的影像资料,学生议论,而后教师做小结)

[教师讲解]用燃烧的火柴、纸张、木头可以引燃别的物质,因为它们燃烧发热,可以给要点燃的可燃物提供热量,提高其温度。火柴、纸张、木头燃烧产生的热量大小不同,提高其他可燃物温度的效果也不同。纸张燃烧需要的温度不高,用燃着的火柴稍一加热就可点燃;而有些可燃物如煤炭,燃烧需要的温度高,需要用比较多的燃着的木头,提供更多的热量加热它。许多事实证明:不同的可燃物在空气中发生燃烧,要达到的温度高低不同,需要吸收的热量大小不同,因此要用不同的点火方式。人们把可燃物发生燃烧需要的最低温度,称为它的着火点。汽油的着火点很低,带有钢钉的鞋底撞击水泥地面产生火花,其热量就可以引发空气中的汽油蒸气燃烧,引起火灾和爆炸。那么,钻木取火、电线着火,没有加热,可燃物的温度是怎么达到着火点的呢? 摩擦产生热量使木头燃烧。电线短路,瞬间产生很大电流,发出的热量把周围物质引燃了。树林里的枯枝落叶在干燥的季节腐烂,发生缓慢氧化,产生的热量积累到一定程度,使枯枝落叶的温度达到着火点时,就突然发生了森林火灾。

通过大家的讨论,我们可以知道通常在日常生活中看到的燃烧需要具备三个条件。

[板书]燃烧的三个必要条件——有可燃物、有空气或氧气存在、可燃物的温度达到它的着火点。

[教师讲解]燃烧的发生需要一定的条件,所有化学反应的发生都需要一定的条件。常温下要使水分解成氢气、氧气,要通以直流电进行电解。高锰酸钾在加热的条件下才能分解。我们在学习、研究化学反应时,要注意反应发生的条件。

[引入新课题]燃烧发生需要三个必要条件。如果三个条件的任一个不具备,燃烧还能发生或继续吗? 要防止燃烧的发生,或者要灭火,应该采取什么措施,或

采用什么方法？

请大家用生活中的经验说明你的看法。

[板书]三、灭火和防火

（学生发言、讨论。教师对一些学生的发言提出质疑或提出不同看法，而后小结）

[教师归纳]同学们提出的例子说明没有可燃物，燃烧就不能发生或继续，因此一旦发生火灾要立即把可燃物移开。燃烧需要氧气或空气，如果把可燃物和空气隔离，燃烧就无法继续。例如，进行化学实验时，万一酒精灯倾倒、酒精燃烧起来，可以立即用湿的抹布或沙土扑盖。可燃物的温度达不到着火点，燃烧也不会发生。把正在燃烧的可燃物的温度降低，降到它的着火点以下，即能灭火。如消防员用高压水龙头喷水灭火，一是水蒸发吸收了热量，使可燃物温度降低，同时大量水蒸气又能把可燃物和空气隔离开。为了防火，不要把容易燃烧的物质放在温度较高的地方。

[教师质疑]我们讨论了燃烧的条件和防火、灭火的道理。可是在生活中我们还能发现一些不容易解释的事例。例如，用扇子扇风可以使蜡烛火焰熄灭，也可以使火炉里的火烧得更旺；在火烧得很旺的煤炉里泼一些水，火不仅没有熄灭，反而会腾起一股火苗来。这是为什么？请大家在课外思考、讨论。

比较两个教学片段的教学目标定位、教学问题情景的设置、教学氛围、教师的教学方式、学生参与学习的行为方式，对目标达成度做预期和分析，可以看到教学片段段 B 不同于片段 A 的几个特点：

（1）没有在燃烧的三个条件的讲解上平均用力，而是围绕学生不容易理解和接受的"温度要达到可燃物着火点"问题上，花费较大力气，用较多的时间让学生讨论，并在学生讨论的基础上做细致的讲解辨析。

（2）把燃烧条件的讨论引导到对化学反应条件的认识上。同时引导学生从燃烧的条件反推防火、灭火的措施，而不是孤立地讲解两个知识点。

（3）重视问题情景的设置。善于利用学生在讨论中提出的不同看法引发探讨的欲望，通过质疑把讨论引向更深的认识层次。

（4）注意问题的讨论与分析，也重视对学生的讨论做梳理与归纳，让学生获得明晰的结论。

（5）注意通过知识的学习提高学生分析、解决问题的能力。教师在学生讨论的基础上,结合学生的意见,做分析讲解,让学生体会到探讨问题要重证据,要独立思考,不人云亦云。

(6)教师把自己置于和学生平等的地位上,注意聆听学生的议论,平等地和学生对话、交流。但是,也不忽视必要的引导讲解。在尊重学生的学习主体地位的同时,也充分体现教师在教学情景设置、教学设计组织上的主导地位,充分发挥引导、支持、协同学生学习的作用。

第三节　基础教育讨论给我们的启示

多年来,对于中国基础教育的讨论,并不仅仅局限于国内,也不仅仅局限于教育界。对中外基础教育的比较研究,许多教育专家在研究,民间和媒体也在热议。仅从一些媒体报道的涉及我国和国外的一些教育事件的讨论中,也能得到不少启示。

[案例1-2]一项关于学生质量近期调研的初步结果

据报道,2015年7月在中科院学部召开的"科学教育"论坛上,北京大学医学院的王夔院士透露了中科院学部一个咨询项目的一项调研初步结果该项调研了解了高中化学教师、大学化学教师和化学专业研究生导师对学生质量的看法。

王夔院士说,调研发现,高中化学教师普遍认为学生质量没有下降,和以前"差不多"。大多教师"大多数认为差不多"。大学高年级教师则"多数认为质量下降"。研究生导师更普遍地明确回答"较以前质量下降"。调研专家分析认为,高中主要是以升学率评价教学质量,从学生考试成绩、升学率逐年提高,不能得出学生质量下降的结论。大学低年级因为学时和内容较少,学生质量问题并不突出。但是大一的教师们也发现,"有20%~50%的学生学习有困难,多数学生处于懵懂状态,不适应大学学习方法,不会读书、不会做实验、不会提问题"。在大学高年级教师看来,这一问题更加突出,"大多数学生不会读书,不会提问题、讨论,对学习没兴趣"。研究生导师对学生质量最不满意,他们认为"学生不会查文献、写总结和综述,学习缺乏动力,对研究没兴趣"。许多专家的感受是:中国学生在知识点的学习中出类拔萃,但在独立学习和创新的研究阶段,表现得却不尽如人意。

王夔院士认为,这是由于高中阶段没有落实好科学素质教育。"科学素质分为三个层次,最外一个层次是知识和技巧;第二个层次是基本科学素质,也就是科学思想和科学素质;最核心的科学素质,是读、写、听、说的能力。"

他认为,阅读、分析、判断、讨论和写作的能力,与一个人的逻辑推理和理性思维有关,决定着一个人的自学能力和学习兴趣,决定着一个人成年后自己发展的能力,甚至决定了一个人一生所能达到的高度。我们现在过于强调知识和技能,导致学生只知道结论,不知道科学需要取证和论证,不知道自己为什么要学科学。

有的专家认为,教育重"术"不重"道",教师往往只告诉学生结论,只教给学生如何做习题,而不告诉学生科学的历史,不告诉他们学科的基本范式,以及范式中存在的缺陷,这样的学生会对已有的科学产生"迷信",不敢质疑、不会提问、不能创新,只能跟在别人后面做做赶时髦的"比基尼科学",在知识结构和知识储备上、在心理上,都无法做好应对科技革命的准备。

多年前孙云晓所报道的在中日夏令营里的较量的故事,引发了一场关于基础教育的全民讨论。近几年来,发生的一些涉及中外教育交流的事件,又引起了大众持续的讨论。2009 年,上海学生在经济合作与发展组织(OECD)"国际学生评估项目"(PISA)中勇夺世界第一,震惊美英等西方强国,让我国民众扬眉吐气。3 年后,上海学生再次夺得该项目全球第一,让许多人觉得我国的基础教育是最好的。2015 年,一些人看到华东师范大学出版社出版的《一课一练》将登陆英国的新闻,更感到自豪。英国 BBC 邀请我国中学教师到英国名校教学的事,让英国"熊孩子"感受原汁原味的中式教育,让英国人看到中国教育的高效率、高质量,也使许多教育界人士感到鼓舞。与此相反,也有不少人通过中外基础教育比较,找到我国基础教育存在的问题,疾呼改革。

2015 年 7、8 月间的一场关于中国教师在英国一个"中国实验班"教学情况的讨论,就是一个值得我们思考的例子。

[案例 1-3]对一部英国关于"中国实验班"纪录片的讨论

2015 年 8 月,英国 BBC 播出的一部三集纪录片《中国式教育——我们的孩子够坚强吗?》在中英两国舆论引发了热议。纪录片记录了 5 位中国教师在英国博航特中学"中国实验班"运用中式教学方法,在数学、科学和中文等课程进行的为期四周的教学活动的情况。纪录片的公开播放,引起了中英两国,甚至其他国家对教育的大讨论。

据媒体报道,"中国实验班"的产生是由于英国学生在"国际学生评估项目"(PISA)测试成绩明显落后于同龄亚洲学生(差距可大到三年),这个问题引起了英国教育界的重视。BBC因此启动了一项研究项目,要在中国基础教育体系内寻找5位中国教师,在英国顶尖的公立学校博航特中学教学一个月。BBC希望以此试验中国式教学法对于英国学生是否有效,以及是否是培养人才的最佳模式。参加实验班教学的5名中国教师必须符合从事英语语法、数学、自然科学和社会科学的教学工作至少满5年;要具备全英文教学的能力;在英国要能用中国传统的教学方法教学。5名中国教师需要教导"中国实验班"里50位年龄在13至14岁的英国学生,而博航特中学的其他学生则跟往常一样,由校内英国教师教导。在一个月后,两组学生分别进行数学、自然科学的考试,观察哪种教学方法更有效,BBC希望通过这个研究项目,探寻中国高质量的基础教育能否教好英国学生。

被选用的5位教师都是国内公认有能力的好教师。"中国实验班"有50名学生(英国通常以30人左右分班),每天早晨都要参加升旗仪式,每天早上7点开始上课,到晚上7点结束自习,要接受12小时高强度教学(还不包括完成家庭作业的时间)。从纪录片反映的教学实况,可以看到为期四周的教学,绝大部分学生都难以适应,不少英国学生对中国式的教学方式并不买账,由于受不了枯燥的中式课堂和死记硬背的学习方式,学生们表现出种种叛逆行为。教师们按照中国的做法,在实验班设立了每天的升旗仪式,以中国国旗与当地旗帜的共同升起唤起英国学生的热情,但学生不太响应,认为爱国与学习无关。

中国教师对英国学生的表现也很不理解。英国媒体也认为,在"中国式教学"中,尊重权威与比拼成绩是最大的学习动力,但英国教学完全以学生为中心,他们随时都可以提问和讨论,强调"自我发现"。中国教师在教学过程中不得不花费时间维持课堂纪律。

参加实验班教学的一些教师认为:"英国学生不想学习,只想着玩。""知识改变命运,如果英国没有这样的高福利制度,学生们就不得不专注学习,珍惜他们的学习机会。""如果一个人对自己、对国家没有责任心,他们将来怎么应对生活?"

面对学生的种种挑战,中国教师为了改善纪律和关系也做了一些理性的调整。但是,两种方法的冲突仍然非常明显,中英两国文化背景、教育观念、教学方式的差异和矛盾难以调和。

一个月后,学校对"中国实验班"和仍然用英国方式教学的两组学生分别进行数学、自然科学的考试。结果说明接受"中式教法"的英国学生在考试中的平均成绩比采取英式教法的学生更胜一筹。"中国实验班"学生在数学、科学等测验中比其他学生成绩高出 10%。这是否意味着"中式教育"赢了呢？不同的人从不同的角度发表了各种看法。

应该说，BBC 启动的这个研究项目，并不是理想、严肃的教育比较研究。教学制度和 5 位教师的教学并不能客观反映中国基础教育教学的整体现状。一些英国校长和教师也认为，纪录片并不能完全反映英国学生的真实情况。要从纪录片反映出来的实验情况做分析，得出一个有关中英基础教育的比较研究结论，并不现实。但是，从纪录片引发的讨论看，无论是两国教育专家、教育工作者、民众对教育问题的讨论，还是在英国引发的民众对本国福利制度的思考、在中国引发的人们对社会价值取向的思考，都是非常有意义的。

人民网曾刊登一篇文章，报道了到英国执教的科学教师杨军向新华社记者所谈的一些看法。"杨军认为纪录片的剪辑方法不够客观，英国媒体的一些批评也有失偏颇。中英教育应该互学互鉴，加强交流。"杨军在英国中学有十年教学经验，曾在私立、公立以及公立重点中学任职。在她看来，英国的公立教育是为公众提供一种服务，就和福利一样，只能维持最基本的水平。而私立学校与中国的传统教育方式很相似。她说，英国教育是以"学生为中心"的教学方式，按照英国的教学标准，学生需要通过讨论、调查、加入团队的方式参与教学。中国教育是以"教师为中心"，引导的方面过重。这样的教学使学生的发明创造力、批判性思维相对较弱，学生也缺乏挑战心理。因此中国小孩很"听话"，容易"死读书，读死书"。杨军说："我认为，这里一定要有一个平衡。"在问及哪些中国教育理念值得英国学习时，杨军表示："我认为是中国全社会对知识、老师、长者的尊重，以及中国人吃苦耐劳、勤勤恳恳的精神。"与中国学生相比，英国学生性格更成熟，知识面很广，社会交际能力很强。她说，"中英两国应该开展更多的教育交流，让两国的孩子有更多相互学习、交流的机会，让中英两国教育部门和从事教育方面的人士有更多探讨和合作的机会。"

在我国的媒体中还报道了许多看法和评论。例如：

"博航特中学做这个实验的目的，是想研究中国的教学方式。但是英国不可能简单地接受中国的教育模式，中国也应该向英国学习，给予学生更多的提问和独立思考空间。"

"我们既要看到中国教育注重孩子基础知识学习的优点，又要借鉴英国教育注重孩子实践能力的特点，从中相互吸收各自好的经验，这样才能使教育得到更好的发展。这也正体现了教育未来的发展趋势，应该是相互融合、各取所长，培养适合未来社会需要的人才。"

"中式教育和英式教育各有千秋。在很多英国小学，班主任同时负责多门课程的教学，但不要求所有孩子达到一样的标准，而是因材施教，让每个孩子发挥自己的特长。在中国，每名教师只负责一个学科，教学经验丰富，教育方式标准化程度高。"

"英式教育更重视培养学生的批判性思维和创造性思维。""英国学生在课堂上较为自我，可以自由提问，提出不同意见，标新立异，即使哗众取宠也不算什么大的原则性错误。这会在一定程度上提高孩子解决问题的能力。"

"在中国传统教育中，尊师重道、残酷竞争是主流，和英国学校奉行的以孩子为中心的教学方法大相径庭，英国学校鼓励学生问问题、互相讨论，强调要发现自我。"

"中国的基础教育水平受到普遍认可，然而，这种优势明显是建立在巨大的竞争压力之上。""中国孩子在很小的年龄就开始与同龄人竞争，甚至刚进幼儿园就要考试，在这个年龄段过度竞争很容易出现问题，特别是心理健康问题。"

"教育的目的不是竞争，学习也不是为了让分数高人一等。""中国孩子的数学成绩很好，但是走入社会以后，到底能有多少人沉浸于数学研究？在欧美一些国家，如果孩子对数学感兴趣，他往往是真的感兴趣，并且在这个领域一直奋斗下去。""国外教育教授给孩子的是如何快乐地生活和独立地思考……这是对于创造性的培养。"

"中国的优秀师资等教育资源过度集中在升学率高的学校，这是实现教育公平的障碍。在英国，大部分学生在公立学校上学，这些学校没有自主招生制度，也不会拼命地抢优秀的师资，学生一般不会对学校挑三拣四，而是就近入学。"

"我国教育有自己的长处，比如对学生严格的纪律训导和训练，但与此同时也有严重不足，如注重权威和服从，学生不可以'造反'质疑老师，必须要听从老师的说教。西方文化则注重表达自由，学生不但可以大胆质疑老师，而且老师和家长也非常鼓励学生积极质疑和批判。他们上大学后，在学术上的成就却更好，也许是因为学术成就依赖批判性思维、想象力和创造力。"

"让幼儿园和小学的孩子多玩，让他们在玩和做中学习；让中学生张扬个性，学会批判性思维，独立自主认识，放飞想象力，激活创造力。这并非是教育崇洋，而是在全球化时代的教育学习和借鉴。"

上述议论中有不少来自我国许多教育专家、中学校长、教师和教学研究人员的声音,值得我们思考。

首先,要看到教育制度方式是和社会的发展相适应的,不能离开社会现实讨论教育,不能忽略社会现状来比较中西方教育。我国的基础教育,之所以存在以赢得人才选拔为目标的教育观念,以知识传承为主的教学目标,以灌输为主要手段的教学方式,是和我国长期处于农耕经济社会、以科举制度培养和选拔士人的社会状况分不开的。北京师范大学国际与比较教育研究院副教授孙进在一篇文章中说:"教育方式只是实现特定社会目的的一种工具。中国教育方式更适合中国社会的现实需要,而西方的教育方式更适合西方社会的现实需要。""在现实中,中国在很多行业和领域中,有创造力和批判性的人在中国社会大多是吃不开的。很多中国父母、老师、老板、上级领导更喜欢的还是听话办事的孩子。我们中国的学校教育强调教师权威和学生服从,考试注重测试学生准确无误的复制能力,这种教育在培养听话办事的孩子方面无疑是有效的。""而西方学校所培养的具有创造力、批判性、勇于提出自己见解、善于为自己的利益辩护的人正是高度依赖创新的西方社会所需要的。从这个意义上来说,中西方的教育方式同样都是'成功'的,因为它们都有助于培养所在社会'欣赏'的人才(不一定是社会真正需要或应该需要的人才)。"社会的发展、进步,必然要求改变教育观念和教育制度,变革教学手段、教学方式。正如教育部《关于全面深化课程改革落实立德树人根本任务的意见》所指出的:"经济全球化深入发展,信息网络技术突飞猛进,各种思想文化交流交融交锋更加频繁,学生成长环境发生深刻变化。青少年学生思想意识更加自主,价值追求更加多样,个性特点更加鲜明。国际竞争日趋激烈,人才强国战略深入实施,时代和社会发展需要进一步提高国民的综合素质,培养创新人才。"

其次,比较的目的在于反思我们的教育,全面、客观、准确地认识和评价我国基础教育的长处和短处,弄清楚我们有哪些教育的优良传统需要保留、需要弘扬,有哪些教育的弊端需要抛弃;思考我们基础教育的课程、课堂教学、教育评价的改革方向、途径和策略,帮助我们更深刻地理解基础教育改革、课堂教学转型的目标和内涵。最理想的教育方式应该既非中式教育,也非西式教育,而应该是能适应社会发展需要的不同教育方式的合理结合。

第四节　理解课堂转型的含义

新课程实施以来,在基础教育课堂教学改革的探索实践中涌现了多种课堂教学的改革主张和教学模式。但是,不少课堂教学改革,并没有从根本上扭转课堂教学的方向。一些课程和教学研究专家提出,基础教育领域应该努力实现课堂转型。

钟启泉教授在《课堂转型:静悄悄的革命》一文中,论述了课堂教学转型的内涵:课堂转型要实现从"灌输中心教学"向"对话中心教学"的转变。教师的责任不是教科书的处理,而在于实现课堂中每一个学生的学习,亦即追求每一个学生学习经验的效率。要用对话中心教学帮助改变中学应试竞争的现状,变排斥性学习为合作性学习,使每一个学生都能获得主动的生动活泼的发展。学校同时是教师和学生追求其活动的"卓越性"的场所,课堂教学转型要促成学校把课堂中的教师、学生连接成学习共同体。他指出,"在学习共同体中每一个人的学习借助彼此之间的交流是必不可少的条件。"

1.课堂转型首先是教学目标、方向的转变

课堂教学不单是引导、帮助学生学习知识和技能,更不是为了让学生学会应试、赢得高分,而是要引起、维持、促进学生的学习,让学生更想学、更会学、学得更好,能为未来的发展打下基础,成长为能适应现代社会的有较高人文精神和科学素养、体魄健全的人,形成学生发展核心素养,学科教学要帮助学生形成学科的核心素养,发展学生的科学素养和学习能力。

2.学科教学要重视教学的单元设计

钟启泉教授认为,单元设计是"教师基于学科素养,思考怎样描绘基于一定目标与主题而展开探究活动叙事的活动,目的是为了创造优质的教学"。单元设计不是单纯基于知识点传输与技能训练的教学安排。要基于学科核心素养的形成与发展,进行课堂教学的单元设计,防止把教学内容碎片化成知识点来施教。单元设计,要求分析学习者学习心理、学习基础,依据学习规律和教学内容,明确学习目标,在此基础上研究教学内容体系,编制单元计划和教学流程,选择教学资源,创设学习情景,展开课堂教学,组织教学评价和教学反思。

3.课堂转型,要实现从灌输式教学向帮助学生完成知识建构的转变

灌输式教学认为学习要依靠教师的讲授,以教师讲学生听的教学方法,让学生

熟记教材中编写的客观存在的知识。而实际上,学习是学习者凭借个人的经验或借助教师的讲解领悟教材中的文本知识所蕴含的意义,以此建构知识。学习者在遇到未知的事物和需要解决的问题时,萌发了学习和探究的欲望,通过假设、预测、想象和资料搜寻、调查、实验,追寻答案,从而有所发现、发明、创造,获得新知识并建构知识。因此,学生的学习方式必须改造,从被动接受现成知识转型为主动建构知识。相应的,教师的教学方式也应该随之变革。课堂教学帮助学生将已知世界和未知世界联系起来,从已有知识出发,学习掌握新的知识。课堂是教师和学生共同开展教学活动的阵地。要向对话中心转变,展现"对话"环境,倡导教师和学生、学生同伴间的对话和交流,实现协同学习和合作学习。

知识有不同的形态:如陈述性(事实性)知识、程序性和策略性(策略、方法性)知识、价值性知识(对事物价值的认同和感悟)。

事实性知识可以通过感知、理解、接受、记忆所学知识,通过练习再现和简单应用巩固所学知识。基本上可以通过识记学会。

方法策略性知识需要学生用探究的方式,通过动手操作、动脑思考,对新问题、新事物进行分析、探究,经历实验、调查等活动,运用推理、归纳、概括等逻辑思维,通过同伴间交流、讨论和反思来学习。在获得问题的结论、对新事物的初步认识之后,再运用所得来解释、说明相关的问题,拓展认识,在"做中学",达到"会学"的目标。

价值性知识需要学生经历知识学习和运用过程的体验、反思才能获得感悟和认同,是在"悟中学"。

如果对方法性知识、价值性知识的学习也采用和事实性知识相同的方法,用各种方法把方法策略性知识、价值性知识转化为事实性知识,让学生通过大量的事实性知识的积累来学习,或者由教师代劳,总结出许多应对各种问题的"经验"规则、许多应该记住的"价值"条文,让学生记背,这不仅效率低下,还可能陷入非理性的经验主义、人云亦云的坏习惯。

4. 课堂转型,要重视合作学习、协同学习、交流讨论习惯的培养

在班级授课制的学校里,同一学段同一班级的不同学生,由于其智商、情商不同,所处社会环境、家庭环境不同,在求知欲望、情感态度、认知能力等方面也存在或大或小的差异。每个学生的智能倾向不同,思维方式不同,学习和待人处世的风格不同,学习基础不同,因此对同一学习内容的理解、接受程度和快慢也不同。承

认、尊重这种差异,利用学生间在学习上的差异,运用对话和交流,让学生有对话交流的时间、空间,可以达到相互启发、激活认知冲突、交换思想、分享看法的效果。教师在聆听学生的对话交流中,可以了解学生的疑难、困惑和对学习内容的不同理解,为启发、指导和教学的生成提供资源和契机。更为重要的是,激励学生间的对话交流,既是学科教学内容学习的一种有效方式,也是对班级集体学习的指导和管理,可以同步实现认知过程的指导和班级的教学管理。

提倡"协同学习",是为了引导学生从重视个人的学习竞争转向集体的合作学习。一些专家研究认为协同学习的效果优于竞争学习。课堂教学一要引导每个学生在头脑中反复联系自己经历的生活经验、学习经验,让未知世界和已知对话,思考、体会学习的新知识,形成新的思考和新的见解,重建自己的知识结构;二要在与学习同伴的交流中了解、分享不同的思考与见解,重新认识并增进学习同伴间的友情,体验学习交流的乐趣,淡化或者消除以知识记忆量、解题经验积累的丰富程度和学习同伴比优劣而产生的满足感或自卑感,培养合作和交流意识。

就教师和学生在学习共同体中的关系而言,协同学习要求教师协助、支持学生的学习,以学习同伴和指导、支持者的身份出现并发挥应有的作用。课堂教学需要学生、教师的充分参与,教师和学生互为主体,和谐统一,才能有效达成教学目标。

课堂教学转型不是对传统课堂教学中的教和学的地位与关系、教和学的时空顺序的简单否定或颠覆,也不能仅仅依靠教学技术的更新,如靠"微课""慕课""翻转课堂"来实现。

正如一些研究者指出的,"慕课"不能完全颠覆传统的实体课堂,不能代替教师在课堂上的现场点拨和指导,只能作为课堂教学的一种补充。课堂教学要从教师的单向灌输向以师生对话、学生间的讨论交流为中心转变,要展现"对话"环境,帮助学生将已知世界和未知世界联系起来,从已有知识出发,学习掌握新的知识。

第二章　帮助学生形成学科核心素养

公民的"素养"高低是影响个人生活质量、国家与社会发展的重要因素。许多先进国家通过对"公民素养"的调查和研究,确定本国公民未来生活所需要的"核心素养",并纳入整体的课程设计,指导课程改革,希望通过以"素养"为核心的课程实施来促进个体发展和社会发展。

学生发展核心素养是学生在接受相应学段教育过程中逐步形成的适应个人终身发展和社会发展需要的必备品格和解决问题的素养与关键能力。一些专家指出,基础教育各个学科所构成的学科群,要帮助学生形成包括如下序列的核心素养:兴趣、动机、态度;思考力、判断力、表达力;观察技能、实验技能等知识及其背后的价值观。各个学科在本学科或特定学习领域的教学过程中,都要帮助学生形成能体现学科自身本质特征的关键成就。各学科核心素养的融合构成了跨学科的学生发展的核心素养。

第一节　认识以"素养"为核心实施课程的方针

当今世界进入了全球化和信息时代。人们从"惧怕无知"的时代跨入了"容易知道一切"的时代。人们已经很容易获得各种信息和知识,成为无所不知的"知道"分子。同时,这也让人陷入大量难以验证甚至是互相矛盾的信息或知识泥潭之中,真伪难辨、虚实难分。过去,我们常对自然、自己和社会认知不足,知识积累不够,而常常感到困惑,不知所措。那时,人们渴求通过教育掌握知识,成为饱学之才,传授知识技能就成为教育的主要任务。而现在,知识和信息来得太容易、太快、太多,也太混杂、太矛盾。世界变得日益复杂、快速多变,许多事物显得模糊,充满不确定性。19世纪英国作家狄更斯曾这样形容当时的社会:"这是最好的时代,这是最坏的时代,这是智慧的时代,这是愚蠢的时代……"21世纪的今天,似乎又重回那样的时代,甚至有过之而无不及,人们容易被数据信息冲昏头脑,因之而困惑、恐惧,陷入"知识很多和太少同样危险"的境地。因此,人们希望自己有能力不被信息海洋吞噬,能分辨真伪,清醒认识自然、认识社会、认识自己,能驾驭信息的野马,轻松自如地适应快速变化的社会。

在信息社会和全球化时代,每个公民,包括即将步入社会的未来公民,都应该学会学习,学会正确对待知识,既能在自身知识缺乏时,认识自己的无知,有探究、获取知识的能力;也要在波涛汹涌的知识信息海洋中,在受到知识、信息、数据爆炸的冲击下,有足够的分析、判断能力,能辨明方向,能有自己的创见。

教育是上层建筑,必然随着社会的发展、生产方式和社会政治制度的变革而变化。教育的任务不应当仅是传承知识,还要创造知识,把知识高效地转化为生产力。教育的任务更应注重公民素质的提升,培养有创造性、有个性,能适应全球化社会信息时代的人才。基础教育阶段是青少年形成、发展素养的关键时期。当今世界许多国家为了应对社会发展对人才培养的要求,都在顺应时代进步和社会发展的要求,研究制定基础教育阶段学生发展核心素养,制定各个学科的核心素养。

纵观世界各国的基础教育,可以看到,尽管各个国家的政治制度、国情、文化传统、教育制度各异,但都认为,基础教育对提高民族素质起着奠基的作用,基础教育要以课程为载体育人,要培养学生的基本素质,让学生学会做人,具备进一步接受专业(职业)教育的基础,能健康成长为适应社会发展并为社会做出贡献的公民。

[案例 2-1]苏格兰以"核心素养"为中心进行课程设计

蔡文艺、周坤亮在《以"核心素养"为中心的课程设计——苏格兰的经验和启示》中介绍,教育发展一直走在世界前沿的苏格兰,在 21 世纪的最近十年,为了提升经济实力、减少贫穷、培养适应未来社会的公民,进行了一场以"核心素养"为中心的广泛而深刻的课程改革改革的最核心的部分就是制定和实施为满足所有苏格兰儿童和年轻人增长学识和才能的"卓越课程"。

课程制定的整个思路和流程是以"核心素养"为核心,设置的八个课程领域各自为"核心素养"提供终极独特的贡献,规定了每个课程领域的"经验和结果"。课程设计者通过大量的调查研究,确定了苏格兰公民所需的四大核心素养,即:成功的学习者(successful learners)、有自信的个体(confident individuals)、负责任的公民(responsible citizens)、有效的贡献者(effective contributors).希望使所有年轻人成为:

成功的学习者。具有:学习的热情和动机;取得高成就的决心;能够接受新事物的新观念。能够:运用读写、交流和数学技能;运用技术辅助学习;创造性地独立思考;作为团队成员进行自主学习;善于合理评价;在新的情境中联系和运用所学知识。

有自信的个体。具有:自我尊重;身体、情感和精神感觉良好;正确的价值观和信仰;有抱负。能够:与他人保持良好关系;保持健康和积极的生活方式;自我管理,发展并表达自己的信仰;尽可能独立地生活;识别危险和随机应变;能在不同领域赢得成功。

负责任的公民。具有:尊重他人;负责任地参与政治、经济和文化生活。能够:发展对世界与苏格兰的认知和理解;理解不同的信仰和文化;做出明智的选择和决定;评估环境、科学与技术问题;发展对于复杂问题的理解。

有效的贡献者。具有:积极进取;达观;自信。能够:善于沟通与交流;与人合作;积极主动;具有领导意识;运用批判性思考;适合新环境;创造和发展;解决问题。

卓越课程并没有将知识、技能、态度分开来加以描述,而是整合在一起加以阐述,体现了"素养"的特征。因为孤立的知识、孤立的技能、孤立的态度的学习都是片面的,唯有彼此融合统整才能最终体现在"行动"上,成为一个能够独立生活的人。

苏格兰卓越课程提出的"核心素养",从学会学习(成功的学习者)、学会做人(有自信的个体)的角度切入,要求通过课程的修习,使受教育者能成长为有社会责任感(负责任的公民)、有能力为社会发展和人民的幸福做出贡献(有效的贡献者)的人。要求各个课程的修习必须为育人服务。要求各个课程的修习都要把青年培养成有学习能力、能适应社会发展并为社会发展做出应有的贡献的人。

2014年我国教育部发布的《关于全面深化课程改革落实立德树人根本任务的意见》指出,在基础教育阶段,应该帮助学生形成适应个人终身发展和社会发展需要的必备品格和解决问题的素养与关键能力,立德树人。基础教育的目的在于落实立德树人的根本任务。立德树人,就是依据党和国家的教育方针,党和国家倡导的社会主义核心价值观、未来社会对人才的需求,培养自觉践行社会主义核心价值观,具有社会责任感、创新精神和实践能力的全面发展的一代新人。在基础教育阶段,要依据上述要求制定学生发展核心素养。各学科课程都要通过教学帮助学生形成学科(跨学科)的核心素养。

教育部在组织高中各学科课程标准修订工作中,依据学生的成长规律和社会对人才的需求,把对学生德智体美全面发展的总体要求和社会主义核心价值观的有关内容细化,确定了学生发展的核心素养,制定了各学科应该帮助学生形成的核心素养体系,并结合各学科内容制定不同学段、不同年级的学业质量标准。这是研究制定我国化学课程学科核心素养的指导性文件。

许多专家指出,学生发展核心素养,主要是指学生应具备的能够适应终身发展和社会发展需要的必备品格和关键能力。"学生的核心素养是关于学生知识、技能、情感态度价值观等多方面能力的要求,是个体能够适应未来社会、促进终身学习、实现全面发展的基本保障。""内容结构上,学生核心素养体系注重系统性,各具特色。""价值取向上,核心素养反映了学生终身学习所需的素养与国家、社会公认的价值观。"

学生核心素养体系的制定,目的在于要培养全面发展的人和建立健全的社会。学生核心素养体系的内容和指标的确定是一个系统化的过程。2015 年 11 月 29 日中国教育学会、《光明日报》教育部组织了一场"核心素养如何转化为学生素质"的教育沙龙,与会的教育专家指出,核心素养是"在三维目标基础上提出,是对三维目标的发展和深化。核心素养更直指教育的真实目的,那就是育人"。"从双基到三维目标,再到核心素养,是从教书走向育人这一过程的不同阶段。"教育部正在根据核心素养的体系,组织力量"设计不同阶段的课程标准,制定学业质量标准,引导学校基于课程标准来设计教学、命题、作业和考试"。教育专家介绍,教育部基本上把学生发展核心素养确定为 9 个素养、23 个基本要点、70 个关键表现。9 大素养包括身心健康、学会学习、实践创新、公民道德、国家认同、国际理解、人文底蕴、科学精神、审美情趣等。9 大素养可以分解为 23 个基本要点、70 个关键表现。例如,"学会学习"素养包括"乐于学习、善于学习"2 个基本要点。其中"乐于学习"包含"有积极的学习态度、浓厚的学习兴趣、良好的学习习惯;能自主学习;持之以恒,具备终身学习的意愿和能力"3 个关键表现。又如,"公民道德"素养包括"品德修养、社会责任、法治信仰、生态意识"4 个基本要点。其中"社会责任"基本要点包含"履职尽责,勇于担当;积极参与社会活动,具有团队合作精神;热心公益,乐于志愿服务;履行公民义务,行使公民权利;维护社会公平正义"5 个关键表现。"科学精神"素养包括"追求真理、实事求是"2 个基本要点。其中"实事求是"包含"尊重事实和证据,有实证意识;弘扬理性,能运用科学知识、原理和方法解决问题"2 个关键表现。

"学生发展核心素养"形成的 70 个关键表现,描述了学生在教育教学活动中在核心素养发展上实际达到的状态或结果。它描述了个体在面对复杂程度不等的现实生活情境时,综合运用在教育、训练和实践中所孕育出来的(跨)学科观念、思维模式和探究技能,获取、加工信息,分析、解决问题的过程中表现出来的各种修养和品质。

"学生发展核心素养"是各个学科教育教学所形成的具有本学科特质的素养的综合体现。各个学科的核心素养是学生发展核心素养的重要组成部分,具有学科特质又含有跨学科的关键能力和必备品格。各个学科的核心素养体系如何构建,不同的专家可能提出不同的指标,用不同的文句来描述,但都要体现学生发展核心素养的基本要求,都应该是学生通过各学科课程的学习形成的(跨)学科的知识与技能,过程与方法,情感、态度与价值观的整合,是学生在学习过程中逐步形成的关键能力和必备品格。

学科核心素养是从学科教育的角度对教育总体目标的具体化,集中体现学科育人的价值。培养学科核心素养是为学生终身发展奠定基础,应该贯穿于教学全过程。学科教育成功与否的关键是能否在学科教学中培养学科核心素养。

学科核心素养描述学习的结果,描述学习者在面对复杂的、不确定的现实生活情景时,在分析情景、提出并解决问题、交流结果的过程中所表现出来的综合性品质。学科核心素养涵盖了学科观念、思维模式和探究技能,以及结构化的(跨)学科知识和技能,是学科三维学习目标(知识与技能,过程与方法,情感、态度与价值观)的整合。

学科核心素养要反映学科最基本、最重要、最具特征性的特质。可以从不同维度描述素养的内涵、在各个学习阶段应达到的水平。从学生在学科素养的质性变化来确定各水平具体内容,描述特定学段的素养发展情况。不同发展水平之间是递进的,不同水平的差异不是部分与整体的关系,而是表现于深度和广度上的差异,对应问题(情景)复杂程度的差异。

学科核心素养水平的确定,是制定课程标准和学业评价标准的基础。从学科核心素养培养的要求出发,制定的学业质量标准,可以明晰学生学业质量发展的阶段特征与要求;可以帮助教师根据学生水平,选择课程资源,设计教学方法和策略;可以为各级各类考试和评价研制具体的考纲提供上位的理论框架和水平依据,指导命题。学业质量标准,要结合内容来编写,但是需要统整,呈现学科能力、观念的培养要求。学业质量等级水平的标准的描述应把学科素养的内容和学习内容有机结合起来,避免按知识点来描述学业质量。

第二节　从澳大利亚高中化学课程标准看化学学科的核心素养的确定

中学化学是中学科学领域的一门重要课程。如何依据学生发展的核心素养制定明确的化学学科核心素养的内涵,是许多先进国家研究探索的课题。

澳大利亚于 2015 年 1 月颁布的高中化学课程(7.3 版)课程标准(下文简称澳化学课标)就是一个例子。从化学学科核心素养和学业质量标准制定的角度分析澳化学课标,可以从中了解澳化学课标如何阐述化学课程核心素养的含义,以及化学课程在形成学生发展核心素养中的独特作用和育人价值;了解澳化学课标如何体现课程标准在学科核心素养培养上的指导作用。

[案例 2-2] 了解澳大利亚高中化学课程的理念

澳大利亚高中各学科按统一的设计规范编制课程标准。澳大利亚高中化学课程标准依据化学科学的性质和任务,高中阶段教育的目标阐述化学课程理念和目标,设计课程结构和课程各单元的学习目标、内容,进而制定各单元的学业达成标准。课标各部分内容的编写都体现了高中化学课程设置的主旨——在教学过程中密切结合化学学科特点,帮助学生形成化学学科的核心素养。

澳化学课标从化学学科的特点、化学科学和社会发展的关系的高度,联系澳大利亚和亚太地区在 21 世纪初面临的挑战和机遇,分析化学科学在未来社会发展中的作用,指出高中化学课程应该发展学生的学科核心素养。课标明确指出,“化学研究材料和物质,及物质之间通过相互作用发生的转变及其能量转化。化学家们可以利用对化学结构和化学变化过程的理解去适应、控制、操纵变化过程以满足特定的经济、环境和社会需求。”“澳大利亚和亚太地区在 21 世纪初面临的一些主要挑战和机遇与化学紧密相关。在全球以及许多国家和地区可持续发展仍然是亟待解决的重要问题,而这些问题就需要化学知识和一系列技术加以解决。”在此基础上课标阐述了如下的化学课程理念,说明了化学学科核心素养的内涵:

“化学要发展学生对关键的化学概念、结构模型、成键的理解;要领会化学变化中化学能、电能和热能的相互转化,学生们要学习结构模型和价键理论如何帮助化学家做出性质和反应的预测并根据特定的目的做出调整。"

"学生们将通过对现象的探究活动探索关键的概念和模型,并通过相互关联的例证去证明化学和化学家在社会中的地位、作用。""学生们将独立地或合作地设计并实施定性定量调查。他们提出问题和假设并控制变量、分析数据、评估结果、解决问题,并提出基于证据的参数和模型进行交流。"

"在化学中涉及使用宏观、微观和纳米级不同尺度的思维;使用专门的化学符号和公式来表示;并且在设计新材料或化学体系模型方面充满了创造力。"

课标还对化学科学和其他学科的联系,化学对个人职业生涯的关系做了说明,指出"化学研究为在广泛的科学领域进行调查提供了一个基础,也经常在跨学科研究中提供统一的联系",化学课程应该"为学生提供一套有价值的技能,进一步广泛地理解研究路径和职业生涯,了解化学与它相关的一系列职业中的作用",指出"一些学生将利用化学这门课程作为继续深造的基础,所有的学生将成为更明智的公民,能够用化学知识的论证决策批判性地参与当代科学问题"。

澳化学课标在上述两个方面的论述中,说明了把学科核心素养的培养融入化学课程的意义,强调了化学课程在帮助学生形成跨学科的基本观念、能力和价值观上的作用和育人价值。

依据上述化学课程的理念,澳化学课标规定了课程预期达成的7项学习目标:

培养化学学习兴趣,欣赏化学在解释、解决不断变化的世界中所发生问题的价值。

理解化学原理、化学模型,对化学物质的结构和性质的描述、解释和预测。

理解影响化学反应的因素及其在控制化学过程中的应用。

认识运用化学实验进行独立和合作的研究,在解决社会问题的决策上的重大影响和价值。

学习开展科学探究,从定性、定量角度收集化学变化的证据,进行分析和解释。

形成批判性的评估和辩论能力,能对有关化学的问题做出符合科学伦理、负责任的结论。

能使用化学语言和适当的表示形式,和他人进行沟通,理解所发现的一系列化学问题。

学科的核心素养是学生在该学科(或特定学习领域)学习过程中取得的能体现学科本质特征的关键成就。从学科哲学和教育哲学的视角,从世界观和方法论的高度分析学科的本质特征、学科的社会性,可以帮助我们从具有学科特点的基础知识、基本技能、学科方法中提炼出跨学科的有助于形成适应现代社会的品格、素养和关键能力的要素,明确学科的核心素养。化学学科的核心素养的内涵,应该指明学生在接受化学教育过程中应逐步形成的适应个人终身发展和社会发展需要的,对待自然、人与自然的关系以及处理这种关系所涉及的自我与他人关系的基本态度、思维习惯、价值取向和跨学科观念。也应包含人文素养的内容,例如价值观、伦理观念等。

第三节　我国高中化学学科核心素养的内涵

从我国的基础教育的总目标,结合中学化学教育、教学的性质和目标,确定我国基础教育阶段化学学科的核心素养和质量标准,是提高化学教学质量的关键。

化学是从原子、分子的水平上看待和研究物质的组成、结构、变化和创造新物质的科学,化学科学的功能在于认识物质世界,指导人们合理地利用自然资源,保护环境,创造新的物质,保证社会的可持续发展。从化学哲学的视角看,化学课程应当帮助学生形成看待和研究物质及其变化的基本观念、价值取向、方法和化学科学伦理,即形成正确看待化学变化过程的世界观和方法论。中学化学课程的学习内容,包括人类在化学研究和实践中形成的最基础的化学基本概念、基本原理、基本方法,看待、研究和利用物质及其变化的基本观念,也包括处理人与物质世界关系,处理与之相应的人与社会、人与人的关系的准则和方式。从教育哲学的视角看,化学学科的学习内容和教育价值,不仅仅是化学基础知识、基本技能的传承,化学方法的习得和化学学科价值的认识,还应该包含跨学科的知识、观念、思维方法、价值观和科学伦理观念的形成。帮助学生认识学科的本质特征,弄清化学学什么、怎么学,对社会和自身的发展有什么作用,怎么运用、怎么创造新的知识,是化学课程育人价值的体现。

从我国学生发展核心素养要素出发,依据化学学科的本质特征和基础教育阶段化学教育的任务,研究确定化学学科核心素养内涵的维度,例如:

看待物质世界和对待化学科学的基本态度、基本观念和价值取向;

分析、处理、解决有关化学问题的思维方式、思维习惯;

认识、研究物质世界的行为方式和关键能力;

对待科学技术、社会和环境关系的基本态度；

处理人与自然、人与社会、人与人关系上的行为方式和相应能力。

从上述几个维度出发，结合高中化学学习的核心内容，可以确定高中生应该具备的化学学科核心素养的要素。例如：

物质客观性和可认知性的观念与认知能力；

科学精神、科学探究意识和探究能力；

物质变化和能量转化的规律意识与理性思维习惯；

宏观视野、微观分析和符号表征能力；

交流合作意识、科学伦理意识和社会责任感。

上述要素中，认同物质世界的客观性和可认知性是探索物质世界的前提，否则，将陷入主观唯心主义或不可知论的陷阱。科学精神，问题意识，基于证据的判断、推理和探究能力，是学习、研究化学科学的必备品格和关键能力。认识研究物质的组成、结构和性质、变化，需要从宏观现象入手，在分子水平上做分析研究，并运用化学符号模型表征，这是化学科学的基本认知方式。掌握物质化学变化和能量转化的基本规律，能运用逻辑思维对物质及其变化现象做分析、推理、抽象和概括，这是理解、创造有关物质新知识的基础和途径。在运用化学知识、技能和方法，研究、利用、创造新物质的过程中，能自觉遵循科学伦理，具备社会可持续发展的观念和绿色化学思想，具有交流合作意识，这是全球化的现代社会对人才的基本要求。

[案例2-3]高中化学学科核心素养的描述

用什么样的名称来表述化学学科的核心素养，才能更准确地概括化学学科核心素养的要素，更完整地涵盖化学学科核心素养的内涵，见仁见智。在高中课程标准修订研究、高中化学学科核心素养确定过程中，先后提出并讨论了几种不同的表述方法。例如，用"宏观辨识与微观探析""变化观念与平衡思想""证据推理与模型认知""科学探究与创新意识""科学精神与社会责任"等五项内容做描述。

"宏观辨识与微观探析"要求学生能从不同层次认识物质的多样性，并对物质进行分类；能从元素和原子、分子水平认识物质的组成、结构、性质和变化，形成"结构决定性质"的观念。能从宏观和微观相结合的视角分析与解决实际问题。

可以从下列方面测评学生是否具备了"宏观辨识与微观探析"的素养：

(1)能通过观察和分析，辨识物质在一定条件下存在的形态、性质；

(2)能依据物质的组成、结构和性质特点,对物质进行分类;

(3)能运用化学符号、化学用语正确描述物质组成、性质及其变化;

(4)能根据物质的组成和结构预测物质的性质;

(5)能从物质结构与性质、物质性质与应用的关系,分析物质性质,合理利用物质。

"变化观念与平衡思想"要求学生能认识物质是运动和变化的,知道化学变化需要一定的条件,并遵循一定规律;认识化学变化的本质是有新物质生成,并伴有能量的转化;认识化学变化有一定限度,是可以调控的。能多角度、动态地分析化学反应,运用化学反应原理解决实际问题。

可以从下列方面测评学生是否具备了"变化观念与平衡思想"的素养:

(1)能从微粒的运动、化学键的断裂和形成、反应物间电子得失或转移分析说明化学反应;

(2)能依据化学变化的特征、变化的本质从不同角度对物质及其变化进行分类;

(3)能从定性、定量的角度,结合化学变化中能量的转化对化学反应进行分析和研究;

(4)能用物质质量和能量守恒、联系发展和动态平衡的观点看待和分析化学反应;

(5)能分析生产、科学研究实践的实例,说明人们如何依据物质性质和化学变化规律,控制外界条件,通过化学反应(或进行化学反应实验)实现物质转化、合成和能量转化。

"证据推理与模型认知"要求学生具有证据意识,能基于证据对物质组成、结构及其变化提出可能的假设,通过分析推理加以证实或证伪;建立观点、结论和证据之间的逻辑关系;知道可以通过分析、推理等方法认识研究对象的本质特征、构成要素及其相互关系,建立模型。能运用模型解释化学现象,揭示现象的本质和规律。

可以从下列方面测评学生是否具备了"证据推理与模型认知"的素养:

(1)初步学会通过观察、实验、调查研究等手段收集证据,基于事实和证据,论证、说明化学现象的本质或规律;

(2)能运用事实证据,运用物质性质和化学变化的规律,对有关物质性质和变化的实际问题做有理有据的分析和说明；

（3）能依据事实分析研究对象的构成要素和各要素的关系，建立实物模型、认识模型和数学模型，反映研究对象的本质特征，揭示其中所蕴含的规律；

（4）能正确认识模型和事物原形的关系，能应用模型解释说明物质的组成、结构、性质和变化；

（5）能依据新发现、新信息，分析、评价已有的认识模型，指出存在问题，改进、优化模型，更新认识。

"科学探究与创新意识"的内涵为：认识科学探究是进行科学解释和发现、创造和应用的科学实践活动；能发现和提出有探究价值的问题，从问题和假设出发，确定探究目的，设计探究方案，进行科学探究；善于合作，敢于质疑，勇于创新。

可以从下列方面测评学生是否具备了"科学探究与创新意识"的素养：

（1）能从自然界、生产、生活中发现和提出有探究价值的化学问题，确定探究目的，设计、优化探究方案；

（2）能依据探究方案，运用科学的方法通过观察、调查和实验，客观地收集、记录实验现象和数据；

（3）能科学地加工、处理探究过程中获得的现象、数据，通过分析、归纳、推理，得出合理的结论；

（4）能对探究过程、探究的结果、结论做检查和反思，并和同伴交流探讨，研究改进探究方案或提出进一步探究的设想；

（5）在探究过程中能尊重客观事实，独立思考，善于和同伴合作交流，敢于质疑，敢于发表自己的见解、看法，不迷信权威，有批判精神和创新意识。

"科学精神与社会责任"的内涵为：具有严谨求实的科学态度，具有探索未知、崇尚真理的意识；赞赏化学对社会发展的重大贡献，具有可持续发展意识和绿色化学观念，能对与化学有关的社会热点问题做出正确的价值判断。

可以从下列方面测评学生是否具备了"科学精神与社会责任"的素养：

（1）具有终身学习、探索未知、崇尚真理、追求真理的意识，初步形成终身学习的能力，形成严谨求实的科学态度；

（2）认识化学、技术、社会和环境之间的相互关系，赞赏化学对社会发展的重大贡献，能运用已有知识和方法综合分析、全面认识化学过程对自然可能带来的各种影响；

（3）具有环境保护和合理开发、利用资源的意识，理解和赞赏可持续发展和绿色化学的观念；

（4）能关心并积极参与和化学有关的社会热点问题的讨论，能权衡利弊做出正确的价值判断，有社会责任感，敢于参与力所能及的决策和实践活动。

上述"宏观辨识与微观探析""变化观念与平衡思想""证据推理与模型认知""科学探究与创新意识""科学精神与社会责任"五个方面核心素养内涵的描述，符合我国学生发展核心素养的要求，比较全面地体现了化学学科基本观念、化学学习和研究的基本方法和能力，体现了从化学视角看待、分析和解决简单化学问题的能力和品质要求；全面关注了化学学科知识与技能的学习、过程与方法的了解和训练、情感态度价值观的教育，把三者有机结合起来。有化学基础知识与技能的学习要求，有化学基本观念和化学思想的建构，有化学学科或理科共有的学习研究方法的学习要求，既体现了化学一学科独有的特质，又包含了物理、生物等理科学习应达成的核心能力和品质的培养要求。例如，"科学精神和社会责任""科学探究和创新意识"体现了"立德树人"的方针。"宏观辨识与微观探析""证据推理与模型认知"包括了从物质性质和变化的宏观现象入手，运用观察、实验、分类表征等方法，进一步从原子分子的运动、变化做探析的学习要求，提出了证实方法、模型方法、实验探究等学习研究方法的了解和训练要求。"变化观念与平衡思想"体现了物质变化、守恒，能量守恒，动量守恒，质能联系等理科基本观念，揭示了自然界中普遍存在的对立统一和动态平衡规律。

化学核心素养的培养，要求在发展学生适应社会和个人发展需要的必备品质和关键能力的培养上下功夫。使学生通过化学课程的学习，具备科学精神，具有社会责任感，有合作意识，具备和他人交流、沟通的习惯和能力；同时，初步形成化学学科的基本观念，能运用化学知识解释、预测物质结构、性质和变化，了解如何控制化学过程；具备科学探究能力，知道获取物质及其变化的信息、基于证据进行推理判断，具有批判性评估的能力，能运用化学知识参与社会问题的讨论，提出建设性意见等等。

确定化学学科核心素养要把学习兴趣的激发，结构化的化学基础知识的学习，科学探究和调查等关键能力的培养，化学基本观念、化学研究方法和思维方式的形成，化学学科价值的理解和正确的价值观的建立融合、统一起来，既包含体现化学学科特点的学科素养，也包括跨学科的素养要素。

学科核心素养的培养,蕴含了学习方式和教学模式的变革。要求学科教学在与现实生活紧密关联的、真实性的问题情景中展开,要采用基于问题的、基于项目的活动方式,基于体验式的、合作和探究的建构式学习。总之,需要选择或创设合理的学习情景,通过适当的学习活动以促进学习的发生,在学习者与情景的持续互动中,不断尝试问题解决的过程中形成(跨)学科观念、(跨)学科思维模式和探究技能,发展核心素养。

化学课程的教学应该把知识、技能的学习作为核心素养形成的载体。要防止孤立、割裂地看待知识与技能、过程与方法和情感态度价值观三维学习目标。学科核心素养的形成,需要掌握结构化的学科知识和技能,需要具备认识、理解自然和社会的学科观念和思维模式,还要原则性地了解学科学习和研究方法,在学习过程中孕育正确的世界观、人生观和价值观。

要通过化学教学使学生具备化学学科的核心素养,教师首先要完整地理解核心素养各要素的内涵和发展要求,在课堂教学设计中从教学内容、教学情景设计、教学方式和学习方式选择等方面着手给予落实。

高中生化学学科核心素养的发展水平,将随着修习内容的提升和学生心理发展水平的提升逐步提高。可从学生以下四个方面的发展情况考查学生化学核心素养的发展水平:

所掌握的化学学科知识和技能的结构化程度;

化学学科观念和思维方式的发展水平;

科学精神、科学探究意识和能力的发展水平;

能应对的化学问题情景的复杂和结构化程度。

高中学生化学课程的修习内容,分为必修、选修1和选修2三个逐步递进的学习水平。不同的学生可以依据自己的兴趣和发展需要,选择修习的水平。修习水平不同的学生应该具备的化学学科核心素养的要素相同,但达到的水平也相应有不同的层次。

[案例2-4]"科学探究与创新意识"素养发展的四个水平

水平1 能根据教材问题设计简单的实验方案,完成实验操作,观察物质及其变化的现象,客观进行记录,对实验现象做出解释,发现和提出需要进一步研究的问题。

水平2 能对简单化学问题的解决提出可能的假设,依据假设设计实验方案,组装实验仪器,与同学合作完成实验操作,能运用多种方式收集实验证据,基于实验事实得出结论,提出自己的看法。

水平3 具有较强的问题意识,能在与同学讨论基础上提出探究的问题和假设,依据假设提出实验方案,独立完成实验,收集实验证据,基于现象和数据进行分析并得出结论,交流自己的探究成果。

水平4 能根据文献和实际需要提出综合性的探究课题,根据假设提出多种探究方案,评价和优化方案,能用数据、图表、符号等处理实验信息;对实验中的"异常现象"和已有结论提出质疑,反思并提出新的实验设想,并进一步付诸实施。

以培养学生学科核心素养为终极目标的学科教学,要求选择或创设合理的情景,通过适当活动促进学习的发生。不同复杂和结构化程度的情景是学科观念、思维模式和探究技能形成的基础,也是结构化的(跨)学科知识和技能不断发展的基础。

确立培养学生学科核心素养的观念,把握学科核心素养的内涵和各个学段的培养要求,落实到单元教学和课堂教学的设计中,通过精心设计的课堂教学,创设与现实生产生活紧密关联的、真实性的问题情景,引导学生主动参与科学探究学习活动,灵活地采用多种学习方式,达成学习目标,是实现课堂教学转型的要义。

第四节　帮助学生认识科学的本质

科学的本质在于探索真理,科学是人类探究自然界奥秘的过程,是探究自然界的思考方式和认识方式。科学观察和推理、论证受到社会环境的制约,受到个体先前经验的影响。对同一事物,不同的人可能会做出不同的分析和判断,可能得到不同的结论。科学知识(包括科学事实、概念、原理、规律和科学理论)是人们在观察、思考自然现象或进行科学实验中获得的,是科学家们对客观世界的描述和反映,是客观世界在人脑中的反映。科学发现要经历一定过程,这种思考要建立在真实的证据上,要尽量避免偏见与误差。科学地解决问题,就意味着需要提出问题,做出科学的假设,并运用合适的方法,获得充足的有根据的资料,通过分析、归纳和论证,得到探究的结论。而且,探究并不一定都能得到结论,即使有了结论,也未必一定符合客观实际、一定能解决问题。科学知识只是相对真理,要允许质疑和争论。科学要在不断探索中发展。

　　一个人掌握了一定的科学知识,不等于认识了科学的本质。科学知识是可以发生变化的。科学知识赖以产生的科学探究精神、科学思想和科学方法才是科学的本质。学习研究科学,应该注意通过反思、交流和讨论,发现已得出的结论中可能存在的问题和不足,引发进一步的探索,不断向真理逼近。

　　随着社会的进步和科学的发展,基础教育的科学教育越来越关注科学本质教育。不过,由于我国基础教育领域长期以来忽视科学本质的教育,对诸如什么是科学的本质、科学本质教育有什么价值、怎样在理科教学中有效地实施科学本质教育等,不少教师在认识上存在偏差和误区。正确认识科学本质和科学本质教育的重要性,探索在教学中强化科学本质教育的策略、方法,是落实理科课程培养学生核心素养,提升青少年科学素养,提高自然科学教育质量的重要工作。

　　我国基础教育的各个自然科学学科的课程标准都明确指出要提高中学生的科学素养。课程标准中都阐述了教育的目标和要求。例如,《义务教育化学课程标准(2011版)》的前言明确提出要"引导学生认识化学、技术、社会、环境的相互关系,理解科学的本质,提高学生的科学素养"。《普通高中化学课程标准(实验)》前言中,在阐述课程性质一节里,也指出:"高中化学课程应……有利于(学生)加深对科学本质的认识。"

　　然而,我国基础教育领域长期以来忽视科学本质的教育。传统的基础教育理科教学大纲没有明确提出科学本质教育的要求。课程改革后制定的课程标准仍尚缺乏对科学本质教育学习要求的具体阐述。多数理科教材中科学本质教育的内容还比较少。培养学生的学科核心素养,提升青少年科学素养,落实理科课程标准,要求我们正确认识科学本质,认识科学本质教育的重要性,努力探索在教学中强化科学本质教育的策略、方法。改进自然科学的课堂教学方法,设计有利于营造质疑、交流、论争的科学课堂教学氛围,提高学生对科学本质的理解,也是课堂转型的任务。

　　化学教学不只是传授化学知识、技能和方法;设计和组织实验、开展科学探究活动也不只是让学生动手,学习诸如观察、推断和实验等各种探究技能和方法。要引导学生通过探究学习活动,经历科学发现和探究的基本过程,在活动中认识和理解科学的本质。

　　不能把科学本质教育看成是"高端"的理论教育问题,是中学科学教育无法实施的。也不能认为在科学知识、技能和方法的灌输式教学中能自然而然地完成科学本质教育。在教学中引导学生主动学习,倡导探究学习和合作学习,也不能完全代替科学本质教育。科学本质教育要求在学科教学中帮助学生形成看待科学的基本观点,帮助学生形成正确的科学观,帮助学生形成尊重客观世界、敢于追求真理的科学精神,培养实事求是的科学态度。

基础教育领域学习的理科知识大多是已经经过大量的实验事实证实,被广泛认可并已获得广泛应用的。这些科学知识在一定的历史时期中是相对稳定的。但是,教材上"白纸黑字"写就的科学知识和原理并非是绝对真理,并非是永恒不变的。

要帮助学生认识,随着社会的进步、科学的发展,某些在基础教育领域介绍的科学事实、构建的科学概念原理,仍然可能被否定或修正。例如,在化学科学发展历程中,科学家所建构的原子结构模型几经演变;人们对原子之所以能彼此结合的原因也有过不同的设想和解释;对催化剂、分子概念的理解,对石墨结构的认识等也都随着社会进步和科技发展有所变化或修正。诸如此类的内容在科学发展史中非常多。在教学中,要帮助学生了解科学发展受社会文化、政治、经济及个人主观因素的影响,随着社会的进步、科技的发展,科学知识也在发生变化,更趋近于客观世界的本真。在科学实践中,不同的科学家进行同一内容的实验,可能有不同的结果,对同一现象可能做出不同的解释。在还没有找到发生差异的原因、没有取得统一看法时,不可避免地会存在对同一事物从不同视角、用不同观点做出解释或论述的情况。

自然科学的发展是靠许多科学家在科学探索道路上不倦探索、艰苦奋斗换来的。有机化合物研究中,最简单的芳香烃(苯)在发现40年之后,化学家凯库勒才在前人研究的基础上,提出苯结构的设想,找到解释它的独特化学性质的突破口,开拓了苯结构研究的思路。居里夫人在十分简陋的实验室中经过连续多年的辛劳,才从几吨废铀渣中发现并分离出放射性元素镭。爱迪生为寻找制造白炽灯灯丝的材料,经历了无数次的失败……无数事实雄辩地说明科学发现总需要观察、猜想、假设、寻找证据、进行论证,期间可能遇到挫折和失败,会存在片面和错误。科学探究,需要有勇气面对失败,有毅力在失败中坚持探索,追根溯源,敢于质疑,勇于寻找解决问题的突破口,勇于承认和修正错误。让青少年在自然科学的学习过程中,了解科学家在科学探索中走过的艰难的探究历程,认识科学是在不断探索中前行的,可以激发他们对科学家的崇敬之情和对科学进行探索的欲望、热情与勇气,培养他们的科学情感和坚忍不拔的意志。

　　在学科教学中渗透科学本质的教育,可以帮助学生了解科学总是在交流、探讨、争论、反思中摸索着前进的,体会到对话、论争、反思的价值,也有利于培养学生的批判精神,发展批判性思维。自然科学中许多原理、理论都是在争论中诞生的。例如,生物学中关于"生物进化理论发展"的进程,说明科学发展过程中有争论是正常的,也是必要的。当代关于恐龙灭绝原因的论证、气候变化趋势及其原因的讨论等,都说明科学正是在争论中发展的。如果没有科学家的批判精神、忘我的实事求是的探索和奋斗,化学史上盛行数百年的燃素学说就难以被否定;天文学中,日心说也不可能战胜地心说。科学发展的历程说明,今天所学习的科学并不是终极的绝对的真理,科学永远期待着后来者的怀疑的勇气和批判的精神。

　　在化学教学中,要结合教学内容,引用科学技术发展中的典型史实,帮助青少年理解科学的本质。例如,帮助学生"从科学家探索物质构成奥秘的史实中体会科学探究的过程和方法",教材增加了有关原子结构模型演变的内容,介绍了随着时代的进步、科学技术的发展,在无数科学家的探索下,人们对原子结构的认识是如何从"实体模型、葡萄干面包模型、行星轨道模型、玻尔模型、量子力学模型"一步一步地发展、变化的,用生动的科学发展史实说明,原子结构的知识是在科学探索过程中逐步被揭示的,是从不断摆脱、纠正错误中走过来的。还可以在教学中适当介绍某些重大科学问题中存在的争议或不同观点,对学生进行粗浅的科学社会学、科学哲学的教育。例如,对日用塑料制品使用是否一定造成白色污染的争论,对转基因作物的研究和种植的争议等等。

　　在教学中,要注意改进自然科学的课堂教学方法,设计有利于营造质疑、交流、论争的科学课堂教学氛围,提高学生对科学本质的理解。我国传统的理科教学方法大多遵循下述模式:先由教师提出某种科学概念或理论,配合演示与实验活动做讲解、阐述、论证;而后引用例题帮助学生进一步理解,并尝试应用于解答某个具体问题或拓宽认识;最后让学生完成习题作业巩固所学知识,做简单的或综合的应用练习。这种教学模式以知识与技能的掌握和应用于解题为目的,学生难以获得对科学本质的理解。教学中要结合具体事例,创设生动的学习情景,帮助学生体会科学需要怀疑和批判精神。自然科学的学习课堂,应该是能引发学生观察、思考、质疑、论争和进行实验探究的学习场所。要营造宽松的探究氛围,让学生在潜移默化中,接受"科学即探究""科学需要质疑"的科学本质观。新课程的实验教材,在这方面已经做出了很大努力。例如在生物学科教材中,编写了诸如"评价应用激素药物的利与弊"等丰富的教学资料,应该很好地利用,发挥其教育功能。

[案例2-5]帮助学生领悟科学的本质

一位深受学生欢迎的初中化学教师,在讲授不同金属和酸溶液的反应时,让学生通过实验判断锌和铁两种金属和酸溶液的作用哪个更剧烈。学生讨论后,教师让每个小组都按讨论提出的一个实验方案进行实验:在两支试管中分别放入一颗锌粒和一片铁片,各加入稀硫酸,观察反应的剧烈程度并做记录。实验后各小组得出的结果共有三种,有的实验显示锌和酸反应更剧烈;有的正相反;有的看不出差异。教师让得到不同结果的三个小组分别报告他们在实验中所用锌粒、铁片的大小,铁片上是否有锈迹,用的是什么酸,酸的用量等等。让大家思考、讨论下列问题:实验有不同结果合理吗? 为什么会出现不同结果? 要怎样实验,才能得到可靠的结果? 学生在讨论中,提出不同看法,争论激烈。在教师引导下,学生认识到金属和酸作用的剧烈程度,不仅决定于金属的活动性,还可能和所用的酸的种类、浓度、用量,所用的金属表面积的大小、金属表面是否纯净等因素有关。教师又提出问题:可否通过实验来证明这种看法是否正确,实验中应该怎样控制实验条件? 学生通过讨论和实验,终于认识到,要做好不同金属与酸作用剧烈程度的对比实验,只能允许金属种类不同,其他条件均要相同。这样实验的结果才能说明锌、铁和酸溶液作用哪个更剧烈。这样的课,花费时间相对较多,但学生得到的收益、对科学本质的理解是简单灌输"控制变量研究法"所不能比拟的。

班级课堂教学要讲究教学效率,学习、继承前人研究的成果并不一定、也不可能都要通过重复的实验、探究来获得。然而,设计一些让学生自己动手探究获得感悟的活动还是不可或缺的。营造质疑、交流、论争的科学课堂教学氛围,更是不可缺少的。教师要研究和改进探究学习活动的设计和组织,通过探究活动帮助学生获得科学本质的认识。

第三章　当课堂转型的探索者

十余年前开始并延续至今的课程改革,普及了新课程理念和新课程的教学思想,制定并实施了基础教育各个学科的课程目标,建立了课程三维学习目标体系,要求改变课堂教学过于强调接受学习、死记硬背、机械训练的现状。十余年来,广大教师在新课程的学习和实施实践中,逐步理解并接受了新课程的理念和教学思想,教育教学观念有了改变,对传统课堂教学的弊病也有了比较深切的认识。他们克服了种种困难和困扰,自觉地依据课程三维目标设计和组织教学,倡导主动参与、探究发现、交流合作的学习方式,坚持课堂教学改革,专业素养有了显著提高。这些变化为课堂转型奠定了基础。

第一节　做课堂转型的探索者

实现课堂转型,关键在教师。课堂教学的设计和组织,无论是教学目标的确定、教学内容的选择、学习情景的创设、教学方式的运用、学习方式的指导,关键都在教师。为了实现课堂转型,教师必须不断地在课堂教学实践中探索,用先进的教育观念和教学思想,指导自己的教学实践,通过学习、实践、反思、总结,往复循环,取得突破。

基础教育课程改革,倡导建构"对话性""合作性"和"探究性"课堂教学文化。十余年来,教师普遍认识到在课堂上过多占用了学生主动学习的时间和空间,使学生缺乏主动探索、独立思考的习惯和能力,但是课堂教学的面貌仍然改变不大。个中原因是多方面的。一个重要原因是,师生对知识、对学习的看法还没有发生根本的改变。在不少教师和学生的潜意识里,把知识等同于信息,把学习的课程等同于教材所编写的文本知识。不少人认为知识掌握的多少和理解的深刻程度都是可以量化的,可以用考试成绩来衡量、用考试分数高低评价教学质量。在传统教学习惯的影响下,在追求升学率的压力下,教师的教学思想和教学行为,学生对学习的看法、习惯的学习行为大都围着"应试"转。从应试出发,必然注重应试的训练,重视知识、技能的学习。孤立、分割地看待三维学习目标就难以避免,学习、应用、创造知识的能力也自然被简化为应试能力。由于应试成绩的高低与教师、学生个人的功利直接联系着,教和学也难免功利化。教学和学习的功利化,驱使教师、学生、学校为功利进行竞争。

在这样的教学氛围里,课堂教学必然成为获取考试高分,攻克知识技能重点、难点和考点的战斗。为了获取高分而拼搏,教学规律、教学方式、学生的学习负担、教师的压力都显得无足轻重了。在以班级为单位的授课制里,教师只能面向有可能通过考试的学生,高效率地讲授知识、传授技能,希望学生能高效地接受,熟练地应对考试。教学研究,也必然重视研究教师如何讲,研究如何组织学生做高强度、高效率的练习。"精讲多练",必然成为课堂教学的成功经验。

在这样的教学氛围里,为了帮助学生提高应试能力,教师的课堂教学设计的重心,必然是落在依据考试要求,从教材上找到考试常考必考的知识点,设计有利于学生获得考试高分的教学方法。在考试测量方式没有得到根本改变的情况下,被多年应试证明行之有效的教学策略、方法,必然受到追捧,不可能被抛弃。化学学科的学生实验和实践活动,也只能依然被演示或黑板实验、卷面实验所代替,探究活动也只能是纸上谈兵。做实验不如讲实验,讲实验不如背实验,必然成为化学教师心照不宣的教学经验。

在这样的教学氛围里,教师、学生的所有心思、时间、精力都在围绕应试转,如一所高中对师生提出的要求:"每一天都在备考,每一次练习、考试都是高考。"教师、学生都变成"高考训练场"中打造应试机器人的工匠,师生在狭窄的生活圈里,连自我都消失了,更遑论个性、特长的发展和创造性教学。

在这样的教学环境里,要摆脱多年的课堂教学所形成的习惯思维和方法,运用新的理念、思想和思维方式来设计、组织教学,实现"对话性""合作性"和"探究性"的课堂教学,实属不易。旧的课堂教学评价观念在平时的听评课活动中还有很大的影响力,会带给转型的先行者巨大的压力。

教育部《关于全面深化课程改革落实立德树人根本任务的意见》指出:"当前,高校和中小学课程改革从总体上看,整体规划、协同推进不够,与立德树人的要求还存在一定差距。"《意见》提出了五个统筹的任务,特别指出要"统筹课标、教材、教学、评价、考试等环节。全面发挥课程标准的统领作用,协同推进教材编写、教学实施、评价方式、考试命题等各环节的改革,使其有效配合,相互促进。""统筹课堂、校园、社团、家庭、社会等阵地。发挥学校的主渠道作用,加强课堂教学、校园文化建设和社团组织活动的密切联系,促进家校合作,广泛利用社会资源,科学设计和安排课内外、校内外活动,营造协调一致的良好育人环境。"课程标准的修订,评价方式、考试命题等各环节的改革,协调一致的良好育人环境的营造,为课堂转型开辟了通衢大道。

努力更新教育、教学观念,克服应试教育的影响,把立德树人、培养学生的核心素养放在首位,努力探索和实践课堂转型,落实学生发展核心素养的培养,是当代教师面临的挑战,也是义不容辞的责任。

第二节　坚定课堂转型的信念,在教学实践中探索、反思

实现课堂转型,要有坚定的改革信念,要知难而进。努力在教学实践中尝试、探索,增强践行课堂转型的信心。

首先,要寻找实现课堂教学转型的困难所在,寻找克服困难的办法。

例如,课堂要成为学堂,让学生有独立学习思考的机会,必然要腾出一些课堂的时空让学生在教师指导下开展学习活动。这必然压缩了教师的教学时间,增重了组织指导学生学习的任务。教师要注意从学生的预习、课堂展示和质疑中,分析、判断哪些内容学生自己可以自主学会;哪些内容学生理解、掌握有困难或可能存在认识误区,需要仔细分析、讲解;哪些内容可以略讲,点到为止。这就要求教师的教学设计、组织,既要依据课程标准、参照教材,也要了解、研究学情。

又例如,要研究如何应对班级中学生学习基础和学习能力不平衡的状况,突破对教学质量整体提高的制约。班级教学制把年纪相仿、学习基础相近、学习年限相同的学生编在同一班级中集体授课,原本希望能以最小的教学投入获得最大的教学效益。但是,在生源不尽理想的学校,学生间学力差距很大。有部分学生和所编入的年级应具有的学力基础差距很大,随着年级的提高,差距会愈来愈大。用统一的教学要求做单向的知识灌输,即使教师能"高效"地讲授,学生未必能高效地吸收,甚至有的学生根本无法听懂。因此,除了要依据学生的学力调整教学要求外,还要研究怎样有效地把学生组织起来,在课前、课上、课后,让学生教学生、让学生帮学生,把学生间的水平差异转换为教学资源。让学生在课堂学习中学会合作学习,交流对话。同时,把学生课前的自学(预习)、课上的学习心得体会展示与质

疑、课后的复习和教师的讲解、学习指导有机结合起来,调动学生学的积极性,给予学生更多的主动学习的时间和空间。

再如,在生源好的优质学校里,学生学习的自觉性和积极性较高、学习能力较强,教师的教学能力也较强,学生乐意并习惯于从教师的讲解中学习。教师强大的课堂主导能力和优异的教学成绩,往往掩盖了传统课堂的弊病。这类学校,实现教学方式和学习方式转变的需求不高,课堂转型遇到的阻力会更大一些。这些学校的教师要有更大的勇气、更长远的眼光看待和尝试课堂转型的实践。实际上,教师对教学内容的处理、讲解越是精到,学生参与课堂的机会就越少,参与的程度越浅。长此以往,学习能力、思考力强的学生的学习潜力将得不到更好发展,上升空间在无形中被限制。在这类学校里,"学堂"更不应该成为听课的"课堂",不能让学生习惯于用听教师讲代替了自己主动地学。学生只有在自己的学习和思考过程中遇到困惑,才会引发思考,才能深刻体会教师的讲解;经过思考后解除了困惑,才会感受到学习的愉悦。

探索课堂转型,需要在课堂教学改革实践中反思,不断总结经验、提高认识。

课程改革实施以来,在课堂教学改革探索中提出了不少主张,涌现了不少新的教学模式。从课堂教学转型的视角对教学改革探索试验中提出的观点和教学模式做研究探讨,吸取其中有益于课堂转型的经验和方法,对于推进课堂转型是非常有意义的。从课堂教学转型的视角对课堂教学模式选择和运用做反思性研究,是促进课堂教学转型的重要课题。

[案例3-1]对课程改革以来课堂教学改革讨论和实践的反思

课程改革十余年来出现了许多流行的教与学、教师和学生角色地位的观点和主张,各种不同的课堂教学模式或教学内容处理、组织的新形式。如何看待和评价这些观点、主张和教学改革实践?从中可以吸取哪些有益的经验,推动课堂转型的实现?

例如,该如何看待课堂教学中师生关系的下列观点:"以教师为主导,学生为主体""教师是导演,学生是演员""教师是主持人,学生是表演者";

该如何分析课堂教学中教和学的关系:"以学定教""少教多学""先学后教、当堂训练";

该如何分析和评价课堂教学组织的形式或教学模式的改革实践学案导学"微课""慕课""翻转课堂"等等。

该如何理解有效教学？怎样的课堂教学才是有效的？

上述问题，不同人，甚至不同的教学研究专家，在看法上也不一致，需要认真研究。

有的课堂教学专家认为，"以学生为主体、教师为主导的主张，实际上在课堂教学中难以存在。既然学生是学习主体，应按自己的兴趣、需要和习惯选择学习内容和方式，教师又如何主导？从教学实际看，在应试思想的驱使下，教师的'主导'，实际上是驱使、控制学生，让学生被动地完成教师下达的各种学习任务。一些学生说自己实际上是教师的'奴隶'。教师在设计组织课堂教学的过程中，难道不是行为的主体？教与学是不可分割、相辅相成的，学生和教师都是教学的主体，只不过角色分工有所差异而已。一台戏的成功演出，导演和演员都应该是主体，演员自己没有主体意识，没有对角色的塑造不行；导演没有主体意识，没有深入理解剧情和角色，没有入戏，同样不行。"

还有一些专家认为，"先学后教或学案导学，依然把教和学割裂开来，并存在线性思维的倾向。""少教多学，依然存在把教学当作一个东西来看的倾向，你多一点、我少一点或相反。""既然教学是一个关系范畴，那教和学就是交织在一起、相互依存、同时发生的。""不必整齐划一地规定讲的时间或学的时间；也不必根据知识点的数量来判定教学的少或多。""要不断追求教学的'关系性'和'丰富性'。""有时候教学需要保持一定的神秘感和惊奇感，未必要学生先学。"

不少教师和教学研究人员提出下列质疑："'翻转课堂'把原本体现师道尊严，教师独占讲坛的课堂，改变为学生自学，'不教'或'少教'的课堂就是课堂转型吗？""只有教师教的行为而没有学生学的课堂，应该改变。但是，从时序和空间上把课堂分割为先学、后教两个部分，或者用课前的先学做修补，合理吗？""用微课代替课堂教学；把以知识技能系统传授为主要任务的课堂，改变为以片段知识学习和练习为主的微课堂，是课堂转型的方向吗？把教师依据教材口授讲演的课堂转变为利用现代传播媒体演播的课堂是实现课堂转型的必要吗？"

有专家认为，"'翻转课堂'实际上也是一种'先学后教'。让学生先在家里按教材或教师编制的学习材料学习，而后到学校的课堂中讨论问题，在教师指导下学习。这进一步扩张了教材、教师控制下的教育时空，把学生控制得更紧了。有的还把教师的教学责任转嫁给了家长。'翻转课堂'应当首先翻转教育观念。"

"微课""慕课""翻转课堂"，在教学内容的组织、教学结构的设计、教学媒体与教学技术的选择运用上做了有益的探索和研究,但毕竟不等同于课堂教学的转型。一些研究者也指出,"慕课翻转的是教师讲课的时间和地点,并没有翻转接受性学习的本质。""慕课不能完全颠覆传统的实体课堂,不能代替教师在课堂上的现场点拨和指导,只能作为课堂教学的一种补充。"

"有效的教学"或"有效的课堂"之有效,是以学生的成绩作为判断的依据吗?是以掌握知识能力所用的学习时间比来衡量吗?要考虑学生对课堂教学的感受(喜欢、愿意参与还是厌倦、希望逃离等)和学习的积极性吗?如果采取种种措施延长课堂和课外的学习时间,提高了学习成绩,就是有效的教学吗?提高课堂教学效率,应该能把学生从过重的课业负担中解放出来,让学生获得更全面、更有个性的发展。

对各种课堂教学观点、教学模式或教学内容处理、组织形式以及相应种种的质疑和讨论,在课堂教学改革的探索过程中是客观存在的,也是非常必要的。应该从课堂转型的视角做分析研究,避免简单化的理解、肯定或否定,在分析研究的基础上吸取正确的经验,促进课堂转型。

例如,"先学后教"其要义应当不在于学和教时序的"先"或"后",而在于打破了教师在课堂上讲、学生被动听而后被动完成作业的局面,以学生的主动学习、展示,教师的指导、支持,师生、学生同伴间的对话交流贯穿,把教师和学生联结成学习共同体,把教和学辩证地统一起来,以此为课堂转型开辟途径。提醒教师不再独占课堂,而是热情地鼓励并用适当的方法(如编写高质量的自学指导提纲或进行口头点拨、提示)具体地指导、支持学生自学、质疑,大胆向教师、同伴展示自己的学习体会、心得,大胆提出尚未理解、掌握的学习课题。教师在倾听学生的自学成果展示的过程中,运用多种教学方法(如和学生对话、鼓励并组织学生间的对话、做针对性的补充讲演、运用实验、示范),以生动活泼的形式进行辅导,提高、扩展学习成果,促进知识结构的形成。

相反,如果只是机械地在教学时序上理解"先学后教",只是在形式上把学生和教师在教学中的地位、出场顺序截然分开,把教和学分家,教学可能变得有形无实。学生的自学效果受到学习基础、自学习惯和能力、学习内容难度、自学时间、学习条件(如学习情景、实验设施和场所、背景资料等)等的制约,如果教师没有在学生自学过程中用适当形式进行必要和适当的引导,而要学生独立地学习、理解那些需要依靠较强逻辑思维能力、想象能力的学习内容,学习那些需要先进行实验观察和操作才能领会的内容,自学效果一定差。如果在所谓"后教"阶段,教师只是按自己的主观想法,以为学生有自学基础了,做压缩饼干或蜻蜓点水式的讲解,教学效果也必然不如人意。

第三节　探索引领学生学习和探究的方法

日本教育家佐藤正夫说:"所谓'学习'是同客观世界对话(文化性实践)、同他人对话(社会性实践)、同自我对话(反思性实践)三位一体的活动。我们通过同他人的合作,同多样的思想的碰撞,实现同客体(教材)的新的相遇与对话,从而产生并雕琢自己的思想。从这个意义上说,学习原本就是合作性的,原本就是基于同他人合作的'冲刺与挑战的学习'。"

中学化学课堂教学,教师应该如何带领学生,积极主动地通过与客观世界(包括阅读、讨论描绘化学家探索物质世界的运动、变化的事实和规律的文本资料、影像资料,进行验证性和探索性的化学实验)、与他人(主要是教师、学习同伴)、与自我的对话,在合作、交流、碰撞中学习?

对不同的学习内容,不同的学习阶段,应该有不同的策略;面对学习基础和学习能力不同的学生,也要有不同的方法。例如,对于化学实验的总复习,在学生已经对实验基础知识有了一定的了解,也具备了一定的化学实验实践的情况下,可以用综合性的实验问题,让学生自己做解答的准备,在学生独立思考、练习的基础上,用问题引导交流讨论,通过聆听和观察,运用对话、质疑、引导讨论,及时回应学生提出的问题,纠正偏差,达到预期的学习目标。

[案例 3-2]用问题引导交流讨论

一位教师用 2015 年高考全国新课标 I 卷的化学实验综合试题,改编成化学实验复习讨论题,通过学生的交流讨论、师生的对话,帮助学生体会如何综合运用元素化合物的性质知识、实验基石出知识和基本技能,设计并进行实验,解决简单的实际问题。

试题如下:

草酸(乙二酸)存在于自然界的植物中,其 $K_1 = 5.4 \times 10^{-2}$, $K_2 = 5.4 \times 10^{-5}$. 草酸的钠盐和钾盐易溶于水,而其钙盐难溶于水。草酸晶体($H_2C_2O_4 2H_2O$)无色,熔点为 101℃,易溶于水,受热脱水、升华,170℃以上分解。回答下列问题:

(1)甲组同学通过实验检验草酸晶体的分解产物。装置中可观察到的现象是____,由此可知草酸晶体分解的产物中有。装置的主要作用是____。

(2)乙组同学认为草酸晶体分解的产物中含有CO,为进行验证,选用甲组实验中的装置进行实验。

①乙组同学的实验装置中,依次连接的合理顺序为 A、B、____. 装置 H 反应管中盛有的物质是____。

②能证明草酸分解产物中有 CO 的现象是____。

(3)设计实验证明:

①草酸的酸性比碳酸强____。

②草酸为二元酸____。

本题以草酸晶体的分解实验产物的检验、草酸酸性的有关实验为内容。试题(3)运用开放性实验设计考查学生灵活运用化学知识和化学实验方法,解决简单问题的能力。题目给予学生的启示是,要提高实验试题的解答能力,需要把已学的元素化合物知识和实验基础知识、基本技能结合起来,依据试题情景来分析、解答问题。

教师改编的实验复习讨论题如下:

草酸(乙二酸)存在于自然界的植物中,是一种酸性比碳酸略强的二元酸,其 $K_1 = 5.4 \times 10^{-2}$, $K_2 = 5.4 \times 10^{-5}$. 已知草酸的钠盐和钾盐易溶于水,而其钙盐难溶于水。草酸晶体 $(H_2C_2O_4 2H_2O)$ 无色,熔点为 101℃,易溶于水,受热脱水、升华,170℃ 以上可完全分解成气态物质。

1.推断草酸晶体的分解产物。

2.设计一个实验,检验草酸晶体的分解产物,画出实验装置图,说明能证明分解产物的实验现象。

3.设计实验证明草酸的酸性比碳酸强。

4.设计实验证明草酸为二元酸。

教师建议学生从下列问题入手思考问题的解答:

(1)依据题设草酸晶体的性质,草酸晶体分解产物的性质,检验草酸晶体的分解产物的实验装置应包括几个部分? 各部分用哪些仪器组装,作用是什么?

(2)预期可观察到哪些现象? 依据哪些知识,可以用这些现象检验草酸晶体的分解产物?

(3)用什么实验事实可以说明一种酸是二元酸？用什么实验事实可以判断两种二元弱酸酸性的强弱？

在学生思考、作答过程中，教师巡视、观察，不时和一些感到困难的学生交谈。在学生完成解答后，教师没有用提问方式让学生呈示答案、做评析，而是依据他的观察了解，提出如下几个问题分段组织讨论，教师通过对话引导讨论，做有针对性的简短评析。

问题1：同学们提出的加热草酸晶体的实验装置有三种(用投影显示三位学生的装置)，你认为哪一种装置是正确的，为什么？

在实验时，有时会发生试管塞被气冲出的现象，你觉得可能原因是什么？

问题2：你认为应该用什么实验方法，依据什么现象检验CO_2、CO和H_2O？在加热分解装置之后要连接哪些装置，才能达到检验目的？

问题3：比较相同温度下弱酸的电离常数大小，可以判定它们的酸性相对强弱。如果不测定、比较它们的电离常数，还可以利用什么实验方法？

问题4：二元酸和一元酸在组成、性质上有哪些区别？什么实验事实可以帮助我们证实存在这种差别？

在4个问题讨论结束后，教师建议学生课后修改自己的解答，反思解答过程存在的问题或缺陷，体会如何运用所学知识、技能设计实验解决简单的化学问题。

案例显示，教师不是围绕试题的解答设计教学，而是以试题的解答为载体，帮助学生体会如何运用化学知识(包括元素化合物知识及其研究方法，化学概念原理的理解和灵活运用)，基础实验知识、基本技能和基础实验方法，来解答分析问题。

教师没有按"学生练习—教师提问讲评—总结"的思路设计课堂教学，而是在学生独立思考、解答问题之后，用几个关键性的问题，让学生深入理解要把题设信息和已学的知识整合重组，依据设问灵活运用这些知识解答问题。

教师没有照搬试题，而是利用试题的素材，设计了3个复习题，通过学生练习前的解答建议和交流讨论的补充问题，用潜移默化的方法，帮助学生较为全面地体会实验设计的基本要求、方法和关键问题。如，提醒学生要依据题设的草酸晶体在受热时所发生变化的信息，和已学的分解产物CO、CO_2的性质，来确定热分解的实验装置和操作注意事项。用启发式问题，让学生分析比较三种实验装置图，体会要利用分解生成的气体混合物(其中还可能含有未分解而升华逸出的草酸)来分别检验CO、CO_2气体和水，需要设计合理的检验顺序，运用混合物分离的方法，消除

干扰 CO、CO_2 气体检验的因素,注意防止实验产生的尾气污染环境。帮助学生体会如何依据化学基本概念(二元酸的概念)和化学原理(酸性强弱的比较),运用实验方法创造性地解决简单的化学问题。

教师没有用灌输、说教的方法作解题指导,而是用问题引导学生思考、讨论、交流。

第四节　探索营造对话交流氛围的方法和习惯的方法

教师要通过自己与学生、学生同伴间的对话,引导学生主动学习、思考质疑;要真正地鼓励、组织学生合作学习、主动探究与交流;要真正改变那种靠教师灌输式讲授、学生完成大量书面作业练习、进行频繁考试督促学生学习的方式。

教师要敢于放手,积极组织指导学生开展学习活动,自觉纠正那种认为教师讲得越细、越完整,学生学得就越容易、越多,教学效率就越高的错误想法。运用教学对话、讨论交流的合作学习方式,教的效率可能较低,但学生学的效率并不低。对话式的教学,学生可能暴露出较多的学习问题,提出较多的质疑,这些都是教学的资源,可以为教学的生成提供契机。教师从倾听和观察中可以把握学生的学习心理、学习进程和存在问题。

教师要敢于让学生在学中做,做中学,给学生思考、联想、感悟、质疑、表达的时空。但是,不能把整节课都用提问、练习等活动让学生围着自己的教学安排转,不然学生只能应付、配合教师的教,无暇去思考和质疑。

课堂教学要向对话中心转变,要展现"对话"环境,帮助学生将已知世界和未知世界联系起来,从已有知识出发,学习掌握新的知识。为此,教师在学习共同体中要主动考虑、规划、设计教学活动,调动学生的学习热情和学习主动性,鼓励并支持学生大胆、积极地参与对话学习活动;要通过教学设计,支持、组织、协调、指导并参与学生的合作学习。

泰戈尔说:"教师与学生的关系应该是心灵与心灵约会的关系。"课堂应是"师生心灵约会"的场所。教师要以自己的教学行为让学生感受到教师的人格魅力、渊博学识、探究精神和科学精神。教师要善于倾听学生的见解和意见,乐于肯定、分享学生的新见解、新发现,善于捕捉学生的学习情绪、情感变化,善于调控课堂学习氛围。教师对学生不仅要平等、民主,还要有欣赏、赞美之心,有博爱、宽容、等待的大度。不做居高临下之态,杜绝偏见和歧视,要让学生沐浴在人文关怀的阳光下。只有教师如是,学生才能敢问、敢说、敢于质疑,学会倾听和思考,懂得尊重他人,服从真理,敬畏客观规律,知道自尊、自律。

第五节　提高教师的专业能力是实现课堂转型的保证

在课堂转型的要求下,学校应鼓励教师在先进的教学观念、教学思想指导下,依据课程标准和学习规律,从学生基础出发,选择和处理教学内容、安排教学进度、选择和布置作业,创造性地设计、组织富有个人教学风格和特色的课堂教学活动方案。通过教学研讨、观摩活动,鼓励教师间的对话、交流、切磋,提高实现课堂转型的能力。

学校要依据新课程理念和先进的教学思想,指导校本研究。例如,校本教学研究的课堂教学观摩研讨活动,要以真实的常态课作为研究的样本,依据教学内容、教师和学生的实际做客观的分析研究。从某种角度看,课堂教学的过程就是教师、学生以教学内容为媒介的互动过程。教师、学生间的关系(彼此的了解、学生对教师的信仰、教师对学生的感情等)及在教学过程中关系的变化,是影响教学过程的重要因素。教学内容的难度与深度、在整个课程中的地位会影响教师对教学内容的看法和处理;教师对教学内容的理解、分析和处理直接影响学生对教学内容的理解和掌握;学生对教学内容的学习过程又会反过来影响教师对教学内容的分析和处理。三者间的相互影响有相对稳定的一面,又会在教学过程中发生变化。教学就是在三者的不断变化中完成的。教学观摩和评析,要在三种因素的互相影响、作用的动态变化中做分析。

学校要通过校本教学研究和教师的业务学习进修,帮助教师养成坚持学习的习惯,不断给自己充电。组织教师在运用学科专业知识进行教学的活动中,要把学科专业知识和教学知识融合起来形成学科教学知识。有人认为中小学学科课程的学科知识深广度不大,教师职前学到的学科专业知识足以应付。要纠正这种片面的看法。许多事实说明,一些学科教师由于对学科知识结构的逻辑体系、核心内容缺乏基本的认识,难以依据中学学科学习的总体目标来理解、把握各部分学习内容,对知识与技能形成的过程缺乏理解与体验,往往把过程与方法、情感态度与价值观的学习目标同知识与技能学习目标割裂开来;一些学科教师缺乏较高的学科素养,对学科知识理解不深刻,不能居高临下、深入浅出地给学生以启发、引领,无法指导和支持学生的学科学习;有些教师在教学中对学科知识的讲解,通俗有余、严谨不足,甚至出现科学性问题,造成学生后续学习的负迁移。新课程强调学科教学要"加强课程内容与学生生活以及现代社会和科技发展的联系,关注学生的学习兴趣和经验,精选终身学习必备的基础知识和技能",更需要学科教师关心学科的发展,及时了解、补充日常生活、现代社会和科技发展中与学科教学内容相关的知识和信息。

2012 年 2 月教育部颁布的《中学教师专业标准(试行)》中,从中学教师的专业知识、专业能力两个维度提出了要求。在专业知识维度,从教育知识、学科知识、学科教学知识、通识性知识等四个领域提出了 18 条标准;在专业能力维度,从教学设计、教学实施、班级管理与教育活动、教育教学评价、沟通与合作、反思与发展六个领域提出了 26 条标准这 44 条标准,对教师专业知识和专业能力提出了明确、具体的规范。这些标准,涵盖了中学学科教师对学科教学认知的四个构成因素,例如:

1. 了解有关学生和学习的知识,具备与学生交流、沟通,支持引领学生学习的能力。要求教师"了解中学生身心发展的一般规律与特点""了解中学生世界观、人生观、价值观形成的过程及其教育方法""了解中学生思维能力、创新能力和实践能力发展的过程与特点""了解中学生群体文化特点与行为方式""了解中学生在学习具体学科内容时的认知特点""了解中学生,平等地与中学生进行沟通交流""营造良好的学习环境与氛围,激发与保护中学生的学习兴趣""引发中学生独立思考和主动探究,发展学生创新能力"。

2. 理解、掌握学科专业知识,具备能有效运用于学科教学的能力。要求教师"掌握所教学科内容的基本知识、基本原理与技能""理解所教学科的知识体系、基本思想与方法""了解所教学科与其他学科的联系""掌握所教学科课程标准""掌握所教学科课程资源开发与校本课程开发的主要方法与策略""将现代教育技术手段整合应用到教学中"。

3. 熟悉教学策略和方法的知识,具备有效实施、探索和研究教学的能力。要求教师"通过启发式、探究式、讨论式、参与式等多种方式,有效实施教学""有效调控教学过程,合理处理课堂偶发事件引导和帮助中学生设计个性化的学习计划""利用评价工具,掌握多元评价方法,多视角、全过程评价学生发展""主动收集分析相关信息,不断进行反思,改进教育教学工作""自我评价教育教学效果,及时调整和改进教育教学工作""针对教育教学工作中的现实需要与问题,进行探索和研究"。

4.了解教育教学环境,能合理利用教学资源,创设学习情景。要求教师"了解中国教育基本情况""与同事合作交流,分享经验和资源,共同发展。与家长进行有效沟通合作,共同促进中学生发展""具有适应教育内容、教学手段和方法现代化的信息技术知识""合理利用教学资源和方法设计教学过程""营造良好的学习环境与氛围,激发与保护中学生的学习兴趣"。

教师专业标准规定了教师实施教育教学行为的基本规范,是引领教师专业发展的基本准则,也是教师准入、培养、培训、考核等工作的重要依据。对照专业标准,分析新课程实施中出现的问题,可以更有针对性地寻找到中学教师在专业知识和专业能力上存在的不足,确定教师培训、进修的方向和策略。

20世纪八九十年代,西方国家一些教育专家提出了被普遍认可的教师学科教学知识(PCK)或学科教学认识(PCKg)的概念。专家认为,学科教学认识是教师个人教学经验、教师学科内容知识和教育学的特殊整合。学科教学认识是教师对教学法、学科内容、学习特征和学习情景等四个构成因素的综合理解。学科教学认识的这四个构成因素相互关联、整合在一起,形成一个关于教学认识的融合体。四种要素的整合过程就是教师个体最终形成学科教学认知的过程。

依据学科教学认识(PCKg)的概念,教师要综合运用专业学科知识与教育学知识,全面地认识学科教学目的,正确认识所教课程和教材;要把握特定教学主题的教学策略和知识呈现方式,了解学生对某一主题的理解或可能有的误解,能妥善处理特定教学内容,通过教学设计,组织、呈现教学内容,以适应学生的不同兴趣和能力;帮助学生在特定的学习情景中理解、构建知识。一些专家认为,教师对学科的理解会影响他们的教学质量,教师怎样把自己的学科知识转化为学生能够理解的形式,怎样处理有问题的学科课程材料,怎样使用自己的学科知识来生成解释和表征,在教学中是非常重要的。

学科教学认识(PCKg)的概念,比较深刻地阐明了教师的学科教学认识的内涵,

1.教师不仅必须拥有所教学科的具体知识(事实、概念、规律、原理等),还应该具有将自己拥有的学科知识转化成易于学生理解的表征形式的知识的能力。

教师的学科教学知识不同于学科内容,但与学科内容息息相关,是指向于特定学科及其内容的加工、转化、表达与传授。教师区别于科学家、历史学家、作家和教

育研究者,不在于他们掌握专业知识的质量和数量,而在于他们如何组织和使用知识。不同教师的"学科教学认识"并不是完全相同的。

2. 教师必须把在课堂实践以及在生活与学习的专业场景中所获得的经验,通过反思、归纳与综合、转化,不断丰富自己关于如何教的知识,在"实践—经验积累—反思—再实践—再经验积累—再反思……"的不断往复过程中,获得成长与发展。

3. 教师必须通过自身对社会所倡导的学科教学论的公共知识的理解、概括与系统化,并通过与教育实践行为之间的不断互动,逐步内化为自己所拥有的、并能在实践中实际应用的"个体知识"。

4. 教学不可能脱离具体的情景而产生,教学与学习受到具体情景特征的影响,情景不同,所产生的教学与学习也不同,教师对学科教学的认识,与教师所处教学现场的特点、与学科内容紧密相关。

借鉴学科教学认识(PCKg)的概念,能帮助中学教师整体地认识学科专业知识、教育学心理学通识、学生和学习的知识、教学环境和学习情景知识等教学构成因素,学会把这些因素融合起来,用以理解和处理学科教学,提高专业水平。

第四章　学习基于核心素养的化学教学单元设计

　　培养和发展学生的学科核心素养,要求教师学会基于核心素养(培养)的教学单元设计。基于"核心素养"的教学单元设计"不是单纯知识点传输与技能训练的安排,而是教师基于学科素养,思考怎样描绘基于一定目标与主题而展开探究活动叙事的活动,目的是为了创造优质的教学"。这种教学单元设计以一定主题的教学内容单元作为教学设计的基本单位,基于学科核心素养来安排和设计课堂教学,形成结构化的教学单元。

　　结构化的教学单元是基于一定的教学目标与内容主题构成的教材与经验的教学单位。课程的学习与认识某种事物相似,只有整体地考察才能达到整体地把握,才能看清楚什么是最重要的、什么是本质的。结构化的教学内容,包含若干个教学内容点,这些教学内容从属于同一个学习主题,各教学内容点依照知识的逻辑结构分层递进,组成一个完整的知识链。

　　从不同的教学目标和内容主题出发,可以有多种多样的教学单元建构方式。例如,基于知识的理解和习得的知识单元设计;基于生活经验的活动单元设计;基于"目标—达成—评价"方式设计的课程单元;基于"主题—探究—表达"方式设计的活动课程单元;基于学科核心素养的教学单元设计等。

　　我国传统课堂教学设计,大多以教材章、节为基本单位,着眼于知识点、技能项目的传授和重难点的突破来设计教学,缺乏结构化,也没有反映课程发展学生学科核心素养功能。

第一节　基于核心素养的化学教学单元

　　发展学生的化学学科核心素养,需要教师学会基于核心素养的化学教学单元设计。基于核心素养的化学教学单元是具有结构化的主题明确的教学单元,承载着发展学生化学学科核心素养的任务。

　　基于核心素养的化学教学单元,就其教学内容来说,一般包括以整合方式融为一体的三个部分：

科学认知——理解、掌握化学学科核心的基础知识、基本技能与相关的研究和学习方法；

化学实验和科学探究——化学实验（包括化学现象观察）方法学习、科学探究意识和能力培养；

科学与人文教育——认识科学与社会、生活、生产、环境的关系，科学价值和科学伦理教育。

基于核心素养的化学教学单元，依据教学主题选择教学内容，从科学认知、化学实验和科学探究、科学与人文教育三个方面反映发展学生化学学科核心素养的要求。

[案例4-1]初中化学的教学单元分析

我国《义务教育化学课程标准》依据学生已有经验、心理发展水平和全面发展的需求选择化学课程内容。这些内容分成五个主题（"科学探究""身边的化学物质""物质构成的奥秘""物质的化学变化"和"化学与社会发展"），通过这些主题介绍化学研究的对象、化学学科的特点、化学科学技术社会属性与价值。

五个主题中，"身边的化学物质""物质构成的奥秘""物质的化学变化"教学内容融合了"知识与技能、过程与方法、情感态度与价值观"三维学习目标，构成了具有一定主题的结构化教学单元，反映了发展学生化学学科核心素养的要求。三个教学单元都包含了科学认知、化学实验和科学探究、科学知识社会属性和价值的学习内容。以学生终身发展和适应现代社会生活所必需的化学基础知识、基本技能为载体，对学生进行化学科学基本观念、科学方法、情感态度价值观的教育。

例如，"身边的化学物质"单元学习内容，引导学生通过对一些身边常见的物质（包括空气、水与常见的溶液、常见的金属与金属矿物、生活中常见的化合物等）的性质及其变化的观察和实验探究，初步认识物质的用途与性质之间的关系，增强对化学的好奇心和探究欲望；了解这些常见物质对人类生活的影响；从化学的角度认识和理解人与自然的关系，初步形成科学的物质观和合理利用物质的意识，体会科学进步对提高人类生活质量所做出的巨大贡献。

我国高中化学课程是在义务教育阶段化学课程的基础之上，为学生提供基础性、多样化和可选择的课程。新修订的普通高中化学课程标准规定高中化学课程分为必修课程、选修1课程和选修2课程三个部分。必修课程，依据社会发展和学生自身发展的要求,设置了"化学与社会发展""化学实验及科学探究基础""常见的无机物及其应用""简单的有机化合物及其应用""物质结构与化学反应规律"等主题,旨在帮助全体高中学生学习化学学科核心知识的基础性内容,形成化学核心观念,培养化学学科核心素养。选修 1 面向对化学感兴趣的学生,设置"物质结构与性质""化学反应原理""有机化学基础"3 个模块,帮助学生比较全面地认识化学科学的研究内容、研究方法和学科价值,整体提升学生的化学学科素养。选修 2 设置"实验化学""化学与社会""发展中的化学科学"等 3 个开放的系列。

从整体上看,高中化学必修和选修 1 的教学内容包括 6 个主题:化学学科特点、化学基本概念与基本原理、化学反应原理、常见重要元素化合物知识、有机化学基础、物质结构与性质基础知识。

对各个主题的教学内容做分析,可以帮助我们了解各主题单元的内在逻辑结构,整体把握教学内容和所承载的发展学生化学学科核心素养的任务。

[案例 4-2]高中化学"基本概念、基本原理"教学单元的分析

高中化学必修和选修 1 课程中的化学基本概念、化学原理学习主题的教学内容,是一个层次递进的具有结构化的大教学单元。

教学单元以学生生活中遇到的常见物质及其变化和应用的宏观现象或问题来创设学习情景,提供理解和掌握化学基本概念、化学基本原理的背景材料;运用观察、实验探究、模型化研究方法和逻辑方法获取物质及其变化的信息和证据,基于证据做出科学的判断,形成概念和规律性的认识;在学习活动中养成合作学习、讨论交流的学习习惯。

单元的学习内容包括:在原子和分子尺度上,从原子结构和化学键的形成、断裂和重组,理解物质组成、结构及其对化学性质的影响,并能应用于解释和预测元素化合物的结构和性能;把化学反应中的物质变化和能量转化结合起来,理解新物质的生成和化学反应的热效应;运用摩尔单位定量研究和描述物质组成和化学反应中的物质质量关系与能量变化;理解化学基本概念、基本原理知识的使用背景、范围和条件,体会化学基本概念、基本原理知识在了解物质及其变化、破除迷信、揭露伪科学上的认识价值。

第二节　从基于知识点单元设计转向基于核心素养培养的单元设计

　　长久以来,中学化学教学习惯于依照教材章、节顺序设计教学。注重分析教学内容的知识点、重点和难点,运用解释讲解、实例辨析、大量作业练习开展教学。教学设计和组织,忽视知识间内在关系的揭示,学生获得的是没有加以结构化的碎片化的知识。虽然在章节复习时,会依照教材章节教学内容编写的逻辑结构,用提纲或框图显示相关知识点的联系,展示知识的网络框架。但是,这种以应试为目的的知识整合,很难帮助学生理解主题中各知识点间的内在联系和逻辑关系,难以形成结构化的知识体系。在应试教育的影响下,学科教学形成了以知识点、重点、考点为中心的"三点一测"的教学模式,着眼于帮助学生应试、抓分、提分。这样的教学,忽视知识形成过程的揭示,注重文本知识的解读、掌握和解答试题的训练。教师工作、学生学习负担重,虽对提高应试成绩有一定效果,但是难以全面落实学科素养的培养任务。

　　学会基于学科核心素养的单元教学设计,是实现课堂转型对教师的要求。

　　设计基于学科核心素养的教学单元,要弄清楚学什么、为什么学(达到什么学习目标)、怎么学的问题。依据学习目标确定学习主题、选择教学内容,需要从学科核心素养形成的高度理解、把握高中课程的教学内容,把科学认知、化学实验和科学探究能力培养、科学知识社会属性和价值的教育融合成一个整体,运用科学的教学方式施教。

　　化学学科的教学单元是学科核心素养形成的载体,学习活动是学科核心素养赖以形成的主渠道。在单元教学设计中要从学科核心素养的培养要求出发,选择和利用典型的学科知识和技能作为学习内容,设计学生能主动参与、富有学科特质的学习活动[如生活生产中有关化学问题的发现、探究和解决,某种(类)物质组成、结构、性质、制备(合成)、利用等项目任务的完成等],让学生通过多样的学习活动,形成、提高学科核心素养,并从学生在活动中的行为、表现评价核心素养的达成度和水平等级。

　　基于核心素养的化学教学单元设计和组织的基本原则是:

　　1.依据化学学科核心素养的培养要求和课程标准,结合学情,确定融合三维目标的单元教学目标和教学主题；

2. 依据单元教学的目标和学习主题，参照教材和其他教学资源选择确定典型的学习内容，创设鲜活的学习情景，融合学科世界和生活世界，重组教学内容；

3. 依据教学内容特点和教学方式的需要，创设学习情景，创造性地设计学习活动，考虑学习活动的组织、安排和实施方法，考虑教师应采取的教学行为，发挥教师的学习协同作用，鼓励、支持学生的主动学习；

4. 依据学段的学习质量标准，结合单元教学内容，制定教学评价标准和评价方式。

[案例4-3] 初中化学关于"化学反应知识"的教学单元设计

化学反应知识是初中化学学习的重要核心内容。《义务教育化学课程标准》在内容标准"四、物质的化学变化"中指出："物质世界充满了化学变化，人类的生产生活离不开化学变化。化学变化是化学研究的重要内容，它对认识和确定物质的组成、结构等有着极其重要的作用。"该单元的学习内容是："化学变化的特征、化学反应的类型、化学反应中的能量变化以及质量守恒定律和化学反应的表示方法等。"教学要求是："紧密联系生活、生产实际，使学生真切地感受到发生的化学变化；引导学生通过实验探究认识化学变化的规律，初步了解研究化学变化的科学方法；通过具体、生动的化学变化现象，激发学生的化学学习兴趣，逐步形成'物质是可以变化的'的观点。"

课程标准依据教学目标，整体考虑教学内容、教学方式、学习方式和人文教育要求，建构教学单元的结构框架。该单元内容包括如下三个方面内容。

(1)初步认识化学反应：联系生活经验，观察、进行实验，认识化学变化的特征、了解反应的本质，知道化学变化伴随有能量变化，认识通过化学反应实现能量转化的重要性；通过实验初步认识催化剂的作用；归纳各种相关事例，初步形成物质可以转化的观点。

(2)认识化学反应基本类型！通过实验和分析，初步认识常见的化合反应、分解反应、置换反应和复分解反应，能用于解释日常生活中的一些化学现象；能从金属活动性顺序认识置换反应的基本规律，能用于解释简单的化学现象；知道利用化学反应可获得新物质，满足人类的需要。

(3)理解化学反应的质量守恒定律：通过实验探究认识质量守恒定律，并能用微粒的观点做解释，了解该定律对化学发展的作用；能依据实验事实和质量守恒定律书写简单的化学方程式,并据以进行简单的化学反应计算,从定量角度认识化学反应。

三个方面的内容渐次深入、扩展,学习方法、思维能力的培养要求也渐次提高。

三个方面的学习内容中,"初步认识化学反应""理解化学反应的质量守恒定律",知识线索明晰,在教材中知识出现得相对集中,各知识点间衔接紧密。教学时要基于问题解决、拓展和应用,梳理出知识点间的逻辑关系。如"理解化学反应中的质量守恒定律"各知识点间的逻辑关系是:了解化学反应中反应物和生成物存在怎样的质量关系(质量守恒定律)—从化学反应的本质(构成物质的微粒的重组)分析质量守恒定律,并用实验验证所做的分析—学习正确表述质量守恒定律—依据质量守恒定律,书写并配平化学方程式—依据化学方程式中揭示的物质间的质量比例关系,学习化学反应中物质质量关系的简单计算。

教材中化学反应基本类型的学习内容是结合常见物质的性质、变化的学习内容,从简到繁,分阶段逐步学习。要避免因此削弱知识间的内在联系。从最初学习化合反应、分解反应开始,就要帮助学生体会化学反应的这种分类方法是从反应形式着眼,学生再学习置换反应、复分解反应,就自然而然地理解了它们间的内在联系。

教学内容编排,不同的教材、同一教材的不同章节,不尽相同。化学教材教学内容的编排大体上有三种方式:

1. 以系统化的学科核心知识的内在联系为线索。如在高中必修化学中依据下述线索系统而简明地介绍物质结构的基本概念:介绍元素原子结构的探索历程,现代人们对原子结构、原子核外电子层结构的认识及其表征—学习原子间的相互作用的认识和化学键的基本概念—学习分子结构、晶体结构的基本概念。

2. 以化学核心知识在生产生活中的应用,物质及其变化和人类社会发展、生态环境的关系为线索来编排。例如,从海水中化学资源的利用,学习氯元素及氯化物、镁元素及其化合物的性质、变化和用途等基础知识;从某些化学物质(如氮、硫的化合物)对环境的影响、在工农业生产上的应用价值的角度学习物质的性质和变化的基础知识。

3. 以化学学科学习方法为线索,学习化学的基础知识、基本技能和基础研究方法。例如,高中化学学习的开篇,在初中化学的基础上从化学家看待研究物质及其变化的视角,介绍化学最基础的核心概念:物质的存在状态、物质的分类、混合物的分离;介绍物质化学变化的类型及变化的本质特点;介绍化学家定量研究物质及其变化的计量方法;介绍化学家研究物质的实验方法。又如,结合元素化合物性质变化研究的基本方法,学习氯、钠的性质、化学反应的基础知识,从氧化还原的视角研究、认识铁元素及其化合物的性质和变化。

三种化学教材的教学内容编排方式,分别以系统的化学核心知识、化学的实际应用、化学的探究学习为中心建构教材单元。从教学现状看,多数教师仍然习惯于教教材,依照教材的编写结构来设计组织课堂教学。实现课堂转型,需要形成基于核心素养的教学单元设计,教师要在理解、把握教材编写设计思路和结构脉络的基础上,确定学习主题,对教学内容做适当的重组:整合以进行教学单元设计。教师按教材编写顺序进行教学时,要考虑如何加强知识点间的关联性,在学习方式的变革和学习活动的设计上下功夫,落实发展学生学科核心素养的任务。

教材在教学内容编排上要考虑学生的理解和接受能力,有时要把一个单元的学习内容和其他单元的学习内容穿插编排,由浅入深,从简到繁。按教材章节顺序教学,不能因此把整个单元的内容分割成互不联系、彼此独立的若干知识点,让学生零碎地记背知识点。

如何参照教材章节编写的具体教学内容,进行基于核心素养的教学单元设计,对教师的教学设计和组织能力是一个挑战,需要教师坚持不懈地在教学实践中探索。

一要依据课程标准规定的学习内容、发展学生学科核心素养的要求,参照教材,总体规划教学单元主题的设置。二要依据各教学单元主题、发展学生核心素养的要求选择教学内容和教学方式,创设教学情景。

按教材章节顺序进行教学,要用教学单元设计的思路指导教学,注意揭示新知识和已学的相关知识间的内在联系。先学的内容要为后续学习内容留下伏笔和悬念,后学的知识在教学时要注意以旧引新,帮助学生体会所学知识和已有知识的内在联系,了解知识的发展脉络。在教学过程中,要帮助学生从点状的知识形态,逐渐地延伸扩展,由点到线、由线到面、由面到体,形成结构化的知识体系。在教学中,要把学生知识技能的学习和知识形成过程、化学学习和研究方法的了解、化学科学价值的认识、科学态度的熏陶、情感的陶冶,融成一体,提高学生的学科素养。

高中化学教学内容采用模块设置,为学生提供具有不同层次学习要求的可选择的化学课程。同一个主题的教学内容,依照知识内在系统和学习要求层次,分散编排在化学必修、选修 1 各模块的有关章节里。教师要统揽教材,整体把握这些内容,梳理出各个知识点间的内在逻辑关系。

从发展学生核心素养的角度看,高中化学各个主题的教学内容同样包括"科学认知""化学实验和科学探究""化学科学与人文教育"三方面的内容。"科学认知"中有关学习内容,包括要理解和掌握的化学核心概念、原理、元素化合物知识、实验和计算技能等内容。"化学实验和科学探究"的学习内容包括:了解探究学习要素,学习如何通过化学实验、观察和调查研究,收集资料和证据,做出预测、判断和评估,选择和使用适当的文字图表、化学用语描述、交流化学信息。"化学科学与人文教育"包括科学方法、科学价值观和科学本质的认识等内容。这三方面的内容,以相互融合的形态包含在高中化学各模块的每个学习主题中。在每个主题的教学中,要以课程标准规定学习的化学基础知识、基本技能为载体,帮助学生主动参与学习活动,通过实验探究学习、合作学习和交流讨论,建立化学核心概念,理解和掌握化学基本原理,形成化学观念,形成社会需要和个人发展的必备品格和关键能力。

[案例 4-4]"电解质溶液"教学单元的学习内容和核心素养要素

"电解质溶液"教学单元的设计,首先要对单元的教学内容进行分析,揭示单元中各个知识点(概念与概念体系)的相互关联与层次递进关系,把握单元所承载的学科核心素养培养任务。

电解质溶液的有关知识,包含一系列基本概念,这些概念形成一个概念体系,构成一个完整的描述电解质及其在溶液中的行为的原理知识。该单元包括如下彼此关联、层次递进、逻辑关系明晰的知识点,承载着相应的学科核心素养培养任务。

能从宏观性质(电解质的水溶液或熔融状态可以导电)到微观变化(在水溶液中或、熔融状态能电离生成阴、阳离子),从感性到理性认识电解质。知道酸、碱、大多数盐都是电解质。酸电离生成氢离子和酸根阴离子,碱电离生成金属阳离子(或铵根离子)和氢氧根离子,盐电离生成金属阳离子(或铵根离子)和酸根阴离子。

能从宏观现象(温度、浓度相同的条件下,组成相似的电解质在导电性上的差异)入手深入到本质(在稀水溶液中是否完全电离),认识强、弱电解质的区别。能运用电离方程式正确描述强、弱电解质在溶液中的电离,能从定性、定量角度分析并正确描述强、弱电解质溶液的微粒组成。

能用动态平衡的观点分析弱电解质(弱酸、弱碱)在水溶液中的电离,理解电离平衡及其影响因素,理解电离平衡常数(K_a、K_b)、电离度的含义,并能运用同一温度下的 K_a、K_b 判断弱酸、弱碱的相对强弱。能运用化学平衡原理,判断条件变化时电离平衡的移动方向,用于解释说明生产生活中的简单问题。

　　能运用电解质及其电离的概念,分析水的电离的特点,认识水是极弱的电解质。认识水的离子积 K_w. 理解并能分析温度变化时,水中溶解了酸、碱和某些盐后,水的电离平衡发生的变化。认识电解质在水溶液中的反应是离子反应。能从离子反应的观点分析酸、碱、盐在溶液中的离子互换反应,能说明、解释生活、生产中的离子反应和有离子参加的氧化还原反应,能运用离子方程式描述电解质在水溶液中的反应。能依据常见电解质溶液的组成分析判断它们间可能发生的离子反应。

　　能运用化学实验并用动态平衡的观点,综合运用离子反应、化学平衡的知识探究盐的水解反应、难溶电解质的沉淀溶解平衡和沉淀的转化现象。理解盐的水解反应,并能运用于解释说明生产、生活中相关问题(如酸性、碱性废水处理,废水中铁、铜及其他重金属离子的处理,盐水解反应的抑制或利用)。

　　上述这些内容构成了一个完整的知识系统(见图4-1)。

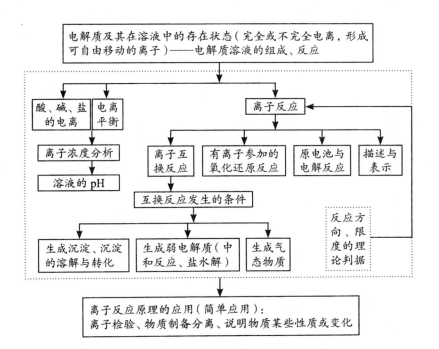

电解质溶液教学单元的学习内容蕴含着丰富的发展学科核心素养的要素：电解质（含极弱电解质水）及其电离的客观性和可认知性；分析电解质电离、离子反应的规律意识与理性思维习惯；从宏观现象、微观分析和符号表征三个方面，相互联系并完整地认识电解质及其反应；在学习和应用知识中，培养交流合作意识，从化学视角观察分析生产、生活中的有关问题，培养社会责任感；培养科学分析电解质在溶液中的反应、变化的精神和探究能力。

基于核心素养的教学单元与传统的专题教学单元不同。传统的专题教学单元设计大多是用于单元复习或总复习，以专题形式归纳讲解某一学习主题的知识内容，梳理知识系统（平时教学大多按教材编写的顺序进行）。无论平时教学或专题复习，教师大都没有意识到要基于发展学生的化学学科核心素养整体设计教学，关注的只是知识和技能的传授或复习归纳。有些教师认为通过平时学习的知识点的积累，再通过单元系统梳理，学生便能自然而然地构建学科知识体系，发展学科核心素养。事实上，如果教师在教学设计中，没有教学单元设计的观念，对教学内容的逻辑关系认识不深，日常教学过程就不会注意揭示知识间的内在联系，容易只见树木不见森林，使知识碎片化。如果教师对教学内容在发展学生核心素养的功能心中无数，更无法通过化学知识的教学，有意识地发展学生的学科核心素养；化学总复习的专题单元复习时，为了应试，仍然注重重点、考点的灌输，解题能力的提升和应试经验的积累，这样的专题复习，虽有专题归纳之形，却无结构化之实，其结果必然是把分散在教材不同章节的教学内容，变成彼此互不关联的知识碎片，只抓知识点，而丢掉单元教学内容中蕴含的核心素养培养要求。

基于核心素养的教学单元设计，强调用结构化的思想，着眼于发展学生的学科素养，解读教学内容，整体安排设计教学。把基础知识、基本技能的学习，基本的学习研究方法的训练，学科核心素养的培养融合成一体，注重学习目标的全面落实和结构化的知识系统的建构。在平时教学中按教材编写顺序实施教学的过程中，教师要依据单元主题的内容结构框架和承载的核心素养要素，对分散在各章节的知识点做整体的分析，注意揭示各知识点的联系，理解知识体系的内在逻辑关系。通过章节教学，帮助学生逐步扩展学习内容，完善单元知识结构，把书"从薄念厚"在专题复习或总复习阶段，再对知识做系统回顾和梳理，把书"从厚读薄"。这样的教学安排，知识结构的形成才是水到渠成的事，也只有这样，学生才能深刻地体会到知识中所蕴含的学科思想和观念，使学科核心素养得到发展。

　　下文以高中化学"电解质溶液"的两种单元教学设计思路做对比,进一步讨论什么是基于核心素养的教学单元设计。

　　[案例4-5]"电解质溶液"的两种教学单元设计思路

　　(一)基于知识点和考点掌握的教学单元设计思路

　　1.把握知识点

　　(1)了解电解质、强电解质和弱电解质的定义、概念。

　　(2)了解电解质在水溶液中的电离以及电解质溶液的导电性;能正确书写电解质的电离方程式。

　　(3)理解弱电解质在水溶液中的电离平衡;知道电离度和电离平衡常数的概念及其简单计算。

　　(4)理解水的电离及离子积常数。

　　(5)认识溶液 pH 的定义,能进行溶液 pH 的简单计算。

　　(6)认识盐类水解的原理、影响盐类水解程度的主要因素、盐类水解的应用。

　　2.落实考点

　　(1)溶液的酸碱性及 pH.

　　认识一个基本不变:相同温度下,水的离子积常数不变;掌握两种测量方法;进行三个比较:水溶液酸、碱性,溶液 pH,溶液中 $c(H^+)$ 和 $c(OH^-)$;注意 pH 使用中的两个误区;区别溶液中的 $c(H^+)$

　　和水电离出来的 $c(H^+)$;会计算酸碱混合溶液的 pH;掌握溶液 pH 计算的一般思维模型。

　　(2)关于电解质溶液中的"两大平衡"——电离平衡、水解平衡。

　　对比分析电离平衡和水解平衡;强化记忆弱酸弱碱盐、酸式盐溶液的酸碱性。

　　(3)理解溶液中的"两大常数"——电离平衡常数、水的离子、积常数。

　　(4)理解掌握溶液中"粒子"浓度的变化。

　　认识"四种"比较题的类型;抓住"三个"守恒:电荷守恒、物料守恒、质子守恒;应用"三个"规律进行比较;巧抓"四点",突破"粒子"浓度关系。

　　(5)掌握酸碱中和滴定及迁移应用。

　　(二)依据核心素养的教学单元设计思路

　　1.联系实验和学生生活经验,从宏观入手,通过微观分析和符号表达,认识电解质和电离的相关概念、原理知识

　　从电解质中化学键类型认识电解质在水溶液中或在熔化状态下的电离,通过实验探究认识弱电解质(弱酸、弱碱等)在溶液中不完全电离,存在电离平衡。知道用电离平衡常数、电离度表征弱电解质的电离程度,会从酸、碱、盐在水溶液中的电离分析溶液的组成,会用电离方程式来描述发生的电离。会依据相同温度下的电离平衡常数、相同温度相同浓度下的电离度判断弱酸、弱碱的相对强弱,通过实验比较弱电解质的相对强弱。

　　2. 运用电解质和电离的概念,分析说明水是极弱电解质,理解酸、碱、盐在水溶液中的化学行为(发生的化学变化和反应)

　　认识水是极弱电解质,能应用电解质的知识,分析、掌握水的电离特点,认识水的离子积 K_w.会分析温度变化或水中溶解了酸、碱和某些盐后,水的电离平衡的移动,会分析、判断水或得到的溶液中 pH、氢离子和氢氧根离子浓度、溶液酸碱性的变化,认识盐类的水解反应、水解平衡及其表征。

　　能通过实验,运用证据分析说明电解质溶液的反应是离子反应。会运用离子方程式表示离子互换反应、有离子参加的氧化还原反应、原电池与电解池中的电极反应、盐类的水解反应,能运用离子反应来分析、判断电解质溶液中发生的化学反应。

　　3. 综合应用电解质溶液的知识,分析解决简单的化学问题

　　能灵活地综合应用电解质溶液的知识,分析陌生的、较为复杂的情景下的化学问题,如电解质溶液中的离子浓度大小、导电性强弱及其变化,难溶电解质的沉淀溶解平衡,解释说明生产生活中的中和反应、盐类水解反应及其应用。

　　比较两种教学单元的设计思路可以看到,从知识点和考点来设计教学单元,把课堂教学变成碎片化的电解质溶液知识点的教学和考点的训练,谈不上教学内容的结构化,也根本不会考虑如何发展学生的核心素养。在这样的理念下,能抓住重点、突破难点、把握考点,就是"优质"的课堂。而基于学科核心素养培养的结构化的教学单元,把电解质溶液中的科学认知、实验和科学探究、化学科学与人文三方面的内容有机融合起来,并依照知识间的内在逻辑结构形成教学思路,体现了有关电解质溶液知识的基本概念、概念体系和原理间的层次关系,把结构化的知识的学习和化学学习研究方法、化学学科价值的认识融合在一起。

　　3. 依据结构化的教学单元设计组织课时教学

　　结构化的教学单元多数需要若干课时才能完成。怎样通过各课时的课堂教

学,完成单元教学任务,实现学科核心素养的培养,需要在教学单元的整体框架中对课时教学做精心的设计。

从化学课堂教学的课时设计和组织的结构看,可以有两种基本结构:

教学目标设定和呈现—教学目标的达成—教学目标达成的测评;

学习主题的确定和呈现—探究活动(或其他学习活动)的组织指导—探究结果(学习成果)表达。

两种课时教学设计,都要按照单元结构的思路,体现化学学科核心素养的培养。第一种设计,以相融合的三维学习目标作为教学目标。但是,由于教学内容中知识技能的学习分量大,较易落实的还是知识、技能的习得,要防止回到知识技能教学的老路上。后一种设计以学习活动为中心,有利于全面提高学生的探究意识和学习能力,有利于倡导合作学习、反思性学习,有利于思维能力和科学素养的提高。后一种设计要做好学习活动的组织指导和调控,防止形式主义。

[案例4-6]"盐的水解反应"课时设计

[问题情景]我们已经知道水中存在电离平衡:$H_2O \rightleftharpoons H^+ + OH^-$. 纯水中氢离子、氢氧根离子浓度很小,而且大小相等,因此纯水不显酸性也不显碱性,是中性的。我们也知道,电离平衡会受到外界条件的影响,例如温度升高,水的电离平衡会微弱地向电离方向移动,氢离子、氢氧根离子浓度会略微增大。如果往水中分别溶解一些酸、碱、盐(正盐),水的电离平衡是否会受到影响? 溶液还会是呈中性的吗?

[学生讨论交流](略)

[推断和假设]通过讨论,比较一致的看法是:依据电离平衡移动的原理,水中溶入酸(或碱),会抑制水的电离,由于溶入的酸(或碱)电离出的氢离子(或氢氧根离子),使水溶液呈酸(或碱)性。溶入盐,盐电离出的离子若能和水中的氢离子(或氢氧根离子)结合,会影响水的电离平衡,使得到的溶液呈碱性(或酸性)。

[讨论]如何通过实验收集证据,验证所做的推断?

[学生实验、记录、讨论]分别在水中加入少量醋酸溶液、NaOH 溶液,加入少量 $NaCl$、$NaAc$、NH_4Cl 晶体,振荡溶解后,用 pH 试纸检验溶液的酸碱性。验证推论,并尝试做解释。

[师生对话、小结]实验事实证明在纯水中加入少量酸(或碱)溶液,虽然水的电离程度减小,但溶液中由于加入的酸(或碱)提供了大量氢离子(或氢氧根离

子),成为酸(或碱)溶液,呈酸(或碱)性。溶解的盐中若含有可以和水中的氢离子(或氢氧根离子)结合成弱酸(或弱碱)分子(如 HAc、NH_3H_2O)的离子,则会加剧水的电离,并使溶液中氢氧根离子浓度大于氢离子(或氢离子浓度大于氢氧根离子),使溶液呈弱碱(或弱酸)性。水中溶入 NaAc,发生的反应可以用如下的离子方程式表示:

$$CH_3COONa \Longrightarrow CH_3COO^- + Na^+$$
$$H_2O \Longrightarrow H^+ + OH^- \;(平衡右移)$$
$$\Downarrow$$
$$CH_3COOH$$
$$CH_3COO^- + H_2O \Longrightarrow CH_3COOH + OH^-$$
$$CH_3COONa + H_2O \Longrightarrow CH_3COOH + NaOH$$

这种反应称为盐的水解反应。

(教师说明盐的水解反应的本质,总结归纳盐的水解的概念)

[问题]依据盐的水解反应发生的本质原因,请预测下列盐溶于水中能否发生水解:KNO_3、Na_2CO_3、$Al_2(SO_4)_3$,而后用实验检验你的推断,并用离子方程式表示发生的反应。

[实验与练习](略)

[问题]依据以上的讨论,请你用概括性的语言回答下列问题:具有什么样组成的盐可以发生水解,这些盐溶液的酸碱性决定于什么? 什么样的盐不发生水解,原因是什么? 对比盐水解的化学方程式和生成相应盐的中和反应的化学方程式,能否判断中和反应和盐的水解反应的关系? 酸碱中和反应是否都是能进行到底的不可逆反应?

[讨论与小结](略)

上述课时设计秉承了结构化教学单元的建构思路,以探究"溶于水中的盐能否影响水的电离平衡,得到的水溶液的酸碱性如何"为主题,通过教师组织指导下的探究和实验验证获得问题的答案,经过探究结果的表达、整理和抽象,达成了盐的水解的学习目标。

基于核心素养的教学单元设计和与之相适应的课时教学设计,都强调学生的主动学习、探究学习和合作学习,体现学生是学习和发展的主体。然而学生的主动学习探究活动,需要教师的设计和支持,需要教师发挥协同学习作用。教师在结构化的教学单元、教学课时的教学设计过程中,需要了解学情(学习基础、学力水平等),进行精心的设计,在观察、聆听学生的学习活动中,在对话、指导、答疑过程中发挥教师教的主体作用。教师和学生在教与学上的主体作用并不矛盾,是相互作用、交互推进的。教师和学生在教学过程中共同学习、一起探究,师生之间、学生之间,存在思想、感情和价值观念的交流沟通。

第三节　努力提高基于核心素养的教学单元设计能力

教学设计的过程,是教师理解教学内容、把握教学目标的过程;是依据学情思考教学整体框架,设计学习活动、教和学的行为的过程,也是更新课堂教学理念、转变教学方式、探索课堂转型的过程。

基于核心素养的教学单元设计,要依据课程标准规定的学习标准和学业要求,从整个化学课程的学习要求和核心素养形成的高度对教材做分析、解读。例如,了解教学单元的核心内容是什么;认识设立这一学习主题的目的,课程标准规定的学习目标是什么,对教学和学生的学业要求是怎样的;分析单元学习内容在学生的化学学习中所处的地位和作用,弄清它和其他教学单元的联系;考虑用什么样的载体和学习活动来支撑单元教学;分析教学内容所承载的化学学科核心素养培养要素;考虑要渗透哪些化学思想和观念的教育,这些教育对学生认识物质及其变化会带来什么益处。在有必要和可能的情况下,还要结合教学内容,从化学科学的发展、中学化学和大学化学学习内容的联系等方面对教学内容做进一步分析,以更清晰地认识、理解教学内容在形成学科核心素养上的作用。

此外,教学单元的设计,还要了解、分析学生的学习心理、认知水平、基础知识与技能的掌握程度、学习特点,依据实际的学情确定采用的教学策略和教学方法、教学方式,设计适合于学生的学习活动。

第五章　构建学习共同体的舞台

课堂教学有四个要素：教师、学生、教学内容、教学环境（条件）。这四个要素互相依存、互相牵制，共处于一个矛盾的统一体中。教与学、教师和学生的关系处于诸多因素的教学统一体中，必然受到多重关系的影响和制约。教学是人类的教育实践活动，教学活动的目的、内容、方式，教学环境和教学设施，教师与学生的相互关系，都是影响课堂教学的因素。教学活动的目的、内容，是相对稳定的，决定于课程目标，还有教材做参照。教学环境和教学设施具有客观性，也不是决定教学运行和教学效果的主要因素。而教师、学生及其相互关系是最重要也最富于变化的课堂教学因素。因此，教师和学生的关系是课堂教学中讨论得最多的话题。

第一节　探讨课堂教学中教和学的关系

课堂教学中教师和学生的关系，往往被等同于教和学的关系，或者只是从教和学的关系来看待。而且，讨论教和学的关系，往往从教师和学生地位的主次、教和学的先后做考量，讨论谁是教学的主体，是以教定学还是以学定教，是先学还是先教。不少人认为教学的目的是学生的学，教学的效果体现在学生是否学到、学会。因此，教学应以学生为本，学生不仅是学习的主体，也应是教学的主体，"教"应根据学生的"学"来进行，要以学为主、以学生为本、以学定教、先学后教；教师应服务于学生，帮助、促进学生的学，顶多算是教学的主导者。还有的主张教与学是一体的，教学应该用"学案"或"教学案"取代"教案"。

实际上，教师和学生的关系，并不完全等同于课堂上教和学的关系。课堂上教和学的关系更多地表现于教师的教、学生的学两类活动的关系，和教学内容、教学的方式有关，也与教师和学生个人的特质相关。为了讨论课堂教学中教和学的关系的一般性问题，可以不考虑教师和学生个人特质的影响。

学习是学生通过自己的学习活动完成的，主动、积极地参与学习活动是必不可少的。但是，基础教育阶段的学生，学习兴趣、动机、元认知能力甚至自控能力都还在发展中,教师的引导、指导、支持和学习的管理也是不可或缺的。在课堂上教和学两种活动是互相依存、互相影响、缺一不可的,教学应该是一个整体。教学是教师和学生的双边活动,不该有主次、先后之分,也不存在谁依附谁的问题。课堂教学活动中包含着学生个人或是小组的学习活动,也包含着学生进行的主动的学习活动或教师要求的学习活动。课堂上的学习活动和课堂教学之外的其他学习活动不同,它是在课堂教学环境中进行的,是融入课堂教学总体活动之中而非游离于之外,是受课堂教学目标、教学内容、教师和学生共同体所制约的。同样的,教师的教,也是受课堂教学目标、教学内容、教师和学生共同体所制约的。因此,课堂是教师、学生所组成的为达成教学目标所联结形成的教学共同体的舞台。

　　课堂教学是一个动态的过程,有因变性和生成性,会由于师生间的互动交流或者某些偶发因素发生变化和生成。教师既要有课前的准备、预设,又要有应变能力。教师需要持开放态度,用教学智慧来应变,通过交互反馈、生成使教学过程成功运行,达成预期的教学目标。要使课堂教学中教和学的活动相互促进,和谐运行,需要教师、学生和教学内容间有和谐的关系。处理好这种关系,离不开教师的主导作用。在基础教育阶段,学生的年龄和心理发展水平决定了教师在协调教师、学生和教学内容间的关系上应发挥主要作用。

　　不能脱离基础教育阶段的学情、教学内容、教与学的方式,空泛地讨论教师和学生在课堂上的关系。

第二节　交流对话应当成为师生课堂活动的主旋律

　　课堂上,师生形成教学共同体,共同面对同一学习课题。师生对教学内容的理解,对所讨论的问题的见解和观点,会有同感、有共鸣,也会有差异,学生还会有疑惑和质疑。这就有对话的需要。课堂上,只要师生真正处于平等的地位,没有师道尊严的压力,师生间能互相尊重、互相信任,就一定有对话的可能。因此,教师和学生在教学共同体的舞台上,一定可以而且有必要开展对话,通过言谈、倾听,进行双向的交流和沟通。

　　[案例5-1]"金属的化学性质"课堂教学中的师生对话(摘选改编自陈美钗老师的教学实录)

　　下面的一段对话出现在学生完成"在酒精灯上加热一端绕成螺旋状的铜丝、一张铝箔"实验之后。

[教师]请同学们交流你在实验中观察到的现象,试试看,能不能对铜、铝两种金属在空气中加热发生的变化做比较分析。

[学生1]在空气中加热,铝片表面的光泽消失了,铜丝表面变黑。说明铝、铜在空气中加热能与氧气反应。

[学生2]我们这一组还观察到铝片变软,表面呈灰白色,里边的铝好像熔化了,可以晃动。

[教师]你们观察得很仔细! 由于铝的熔点较低(660℃),受热后熔化,但被表面一层膜包裹着,可以晃动而不会滴落。没有观察到这种现象的可以再试试。

[教师](学生实验后)表面那一层膜是金属铝吗?

[学生2]应该不是,如果是,也会熔化的。

[教师]那会是什么物质呢? 它是在什么条件下形成的?

[学生2]加热时,铝表面的光泽消失,变成灰白时形成的。

[教师]很棒的推理和判断! 铝片在空气中加热,表面的铝和氧气作用而形成氧化膜。这层膜是铝的氧化物——氧化铝(Al_2O_3). 氧化铝是白色的,它的熔点高(2050℃),不容易熔化,

可以把铝片内部熔化的铝兜住。铜片用酒精灯加热,不会熔化,它的熔点高于铝。铜片表面变黑,我们通过之前的学习已经知道是生成了氧化铜的缘故。请大家试着用化学方程式表示铜、铝在实验中所发生的变化。

(学生书写,教师观察)

[教师]我看到在铝和氧气反应的化学方程式中,有的同学加上反应条件"加热",有的没有,哪种写法对?

[学生3]要写。铜和铝的变化都在加热下发生。

[学生4]不用写,书上也没有写。

(教师演示:用钢丝刷摩擦一个洁净的铝锅盖的半边,并和另一半对照)

[教师]用钢丝刷摩擦过的半边锅盖,金属光泽更鲜明,因为铝锅盖的表面有一层薄薄的氧化膜,保护内部的铝不被氧化,因而光泽比较暗淡,而摩擦把氧化铝膜除去了,呈现出铝的金属光泽,过一段时间后铝锅盖表面又形成氧化膜,光泽又会显得暗淡。铝在常温下就能够和氧气发生反应,所以不必写上"加热"作为反应条件。在加热情况下铝更快氧化,氧化铝膜增厚。铜只有加热才会氧化,所以应当

写上"加热"作为反应条件。

平时,清洗铝制炊具不宜用钢丝刷使劲刷洗,以免破坏表层的氧化铝保护膜。若氧化铝保护层被破坏了,内部的铝会再次氧化生成保护层,如此不断破坏、氧化,铝制品的使用寿命便会缩短。

生活中常用的铝或铝合金制品,不会像铁制品那样容易生锈,你知道是什么原因吗?

联系我们已经学过的铁在氧气中燃烧的反应,依据铝、铁、铜与氧气反应,你能说明这些金属和氧气的作用,有什么共同点,有什么差异吗?

(教师请4位学生发表看法)

[教师]大家一致的意见是,这些金属都能和氧气发生氧化反应。有的同学还认为,都生成了氧化物。有的同学认为,反应需要的条件不同,铝在常温下就可以反应;铁点燃可以在氧气中剧烈反应;铜要加热才和氧气发生反应。他们的回答互相补充,获得了比较全面的认识。

[教师]通过实验,我们知道了铝、铁、铜都能和氧气反应,说明这些金属有某些共同的化学性质。能否得出结论,金属都能和氧气发生氧化反应? 生活经验中有哪些事实可以帮助我们做出判断?

[学生5]我们做过实验,镁能够在空气燃烧,发出耀眼的白光,镁也是金属,金属应该都能和氧气反应。

[学生6]俗话说"真金不怕火炼",金即使用烈火烧也不会生成别的物质,因此不能说金属都能和氧气发生氧化反应。

[教师]很好! 我们做过的几个实验中,所用的金属都能和氧气反应,但是金属有许多种,我们没有证据说所有金属都能和氧气发生反应,例如金、铂就不和氧气反应。许多事实说明多数常见金属都能和氧气在一定条件下发生氧化反应,生成金属氧化物。

课堂上师生间的对话、交流,是学习共同体的重要特征。通过对话,教师可以把自己对教学内容的理解、认识与学生分享。通过对话,学生可以展示自己的学习心得,并发问、质疑。通过对话,教师与学生可以彼此了解,分享对教学内容的理解。对话,让学习共同体在课堂这个舞台上共同参与学习活动,做到教学相长。师生在学习共同体中,对不同的看法进行讨论交流,可以互相启发,消除疑惑,分享解决问题的观念、思路和方法。同时,也有了倾听、评价他人观点的机会,增强了同伴间的了解和友情,培养了合作意识。学习程度较好的学生可以用自己的体会和语言帮助未掌握的学生,同时也使自己更清晰地理解、更牢固地掌握学习内容。对于那些难度不大的基础性问题,通过互帮互学,不用教师的讲授,学生大都能掌握。教师可以用更多时间和精力,引导、启发,组织对话和讨论交流,在小组讨论时深入介入,帮助个别学生解决疑难问题。

在课堂上,教师可以在聆听学生的发言中准确地把握学生对学习内容的理解程度和存在的疑惑。通过对话,教师对学生的肯定、激励、教导或建议、批评、督促都能具有较强的针对性和时效性,指导、答疑会更亲切、更有效。通过对话,师生可以分享彼此的思考、经验和知识,丰富学习内容,有助于学生的知识建构。通过对话,可以活跃师生的思维,增强思维的灵活性和广阔性。通过对话,可以引发思维碰撞,有助于激发灵感,产生新观点,产生创造的火花,提高课堂的生成性。

课堂上师生的对话不是教师提问、学生被动作答。开展师生对话的目的不是促使课堂教学按原来设定的程序上演,不应该刻意引导学生发表和教师见解一致的意见或者让学生做教材的传声筒。师生对话是师生间平等、真诚的对话,有交流与探讨,有欣赏与评价,有分享与质疑,富含教育性和生成性。

课堂上对话开展得如何,不在于对话时间的长短、次数的多少,关键在于对话的质量。对话要服从于教学的需要,有话则长,无话则短。不能为对话而对话。对话不一定都会或都要达成一致的看法,在对话中分享交流意味着可以求同存异。围绕着学习内容的对话,在大多数场合其结论都是指向学习的结果,得到一致的结论或看法的可能性较大。但是,也有意见无法达成一致的时候,即使是学生的意见、看法有问题,在教师难以说服的情况下,应该允许学生保留自己的观点,留待课后或日后继续思考、讨论。

对话的发起和调控,教师起着重要作用。教师要善于用各种策略营造合作学习的氛围,创造宽松的对话氛围,调动学生参与对话、讨论交流的积极性,激起学生参与问题探讨的欲望。教师要用自己的言行让学生感受到教师期待他们参与学习交流对话。课堂要为学生提供足够的思考、交流的时间和空间,要关注学力较差的学生,可以设计一系列小问题,设置阶梯,使学生有话可说,有问题可问。

教师既要平等地参与教学对话、讨论交流,同时又要发挥激励学生、调控教学进程的作用。教师要聆听学生的发言,观察学生的学习表现,及时做出必要的反馈。

当对话、讨论陷入困境时,教师要指引学生改变思考的角度或研究的方法;当对话、讨论发生分歧时,教师要运用有说服力的事例和论据,对学生进行分析、疏导;当讨论迷失方向时,教师需要用适当的策略进行调控、引导。

在班级学生数较多的情况下开展合作学习活动,为了让更多学生有发言的机会,可以分小组讨论。但是如果学生缺乏交流讨论的愿望和热情,认为交流讨论只是教师为灌输式讲授做铺垫,或认为讨论交流不如听教师讲授来得受用,学生虽然围坐在一起,却各忙于读自己的书、做自己的练习,或者只是推出一个代表应付小组讨论后的"汇报",这样的分组讨论只能成为有形无实的"教学秀"。

事实上,在中学学科课堂教学中,对某一个课题或问题的讨论、解答,一般不会有太多不同的看法或答案。讨论交流有三五个学生发表了有代表性的看法,就已经可以达到启发、分享的效果了。这意味着在班级中开展问题讨论,多数学生不可能有发言机会。但是,如果没有发言机会的学生能关注同伴的发言,他们在倾听中或小声议论,或做简短的补充、反诘,或表示赞同,或提出质疑,也是参与对话、交流的有效方式。在学生思考、完成某道练习后,选择有代表性的看法、解答,用展示台展示,让师生一起议论、评判、修改,也不失为一种高效的协同、合作学习。

[案例5-2]关于乙醇分子结构确定的教学对话(教学实录片段)

[教师]根据有机化合物分子中元素组成的测定,知道乙醇的分子式是 C_2H_6O.

若把乙醇看成乙烷分子中增加一个氧原子,以乙烷分子的结构为基础,你能依据有机化合物分子结构的特点,推测并确定乙醇的分子结构吗?

[学生1]乙烷的分子结构是
$$H-\overset{\overset{\displaystyle H}{|}}{\underset{\underset{\displaystyle H}{|}}{C}}-\overset{\overset{\displaystyle H}{|}}{\underset{\underset{\displaystyle H}{|}}{C}}-H$$
,那么乙醇的分子结构可能是:

$$(1)\ H-\overset{\overset{\displaystyle H}{|}}{\underset{\underset{\displaystyle H}{|}}{C}}-\overset{\overset{\displaystyle H}{|}}{\underset{\underset{\displaystyle H}{|}}{C}}-O-H \quad 或 \quad H-\overset{\overset{\displaystyle H}{|}}{\underset{\underset{\displaystyle H}{|}}{C}}-O-\overset{\overset{\displaystyle H}{|}}{\underset{\underset{\displaystyle H}{|}}{C}}-H$$

[教师]是不是还有其他可能的结构? 说明你推测的理由。(停顿,学生思考,议论)

[教师]正如大家认为的,每个碳原子以4个共价单键和其他原子结合,每个氧原子以2个单键和其他原子结合,而氢原子只能以1个单键和其他原子结合。所

以,不可能再有其他的结构形式。

接下去的问题是怎样确定乙醇分子结构是其中的哪一种。图(1)的结构式表示该化合物分子是由乙基和—OH基因(称为羟基)构成的;图(2)的结构式表示该化合物分子是两个乙基通过氧原子连接构成的。

[学生2]两种不同结构的化合物有不同的性质,只要测定乙醇的性质,和这两种结构的化合物性质一对照,就可以确定了。

[学生3]不行,因为我们无法知道两种化合物的性质是怎样的。

[学生4]可以查资料,比如,资料告诉我们两种化合物中,图(1)结构的化合物的沸点是78.5℃;图(2)结构的化合物的沸点是−23℃。测出乙醇样品的沸点就可以判断它是哪一种结构了。

(多数学生不认可这种说法,但难以用语言准确表达)

[教师]如果从资料查到了具有图(1)结构的化合物的沸点是78.5℃,是乙醇,那还需要我们去推断吗?(有学生说,那是为了学习)是的,但我们是要学习如何推测乙醇的结构。如果我们测出了乙醇的沸点是78.5℃,又怎么判断它的结构?我们只有能证明具有图(1)结构的化合物的沸点是78.5℃,才可以得到答案。

[学生3]我们能不能判断两种结构的化合物,哪一种沸点高?

[教师]很好的想法!只是我们现在还是无法做出判断。物质的性质决定于它的结构。我们应该从两种结构出发,看看哪一种结构具有的特性和乙醇的性质相吻合。

[学生4]具有图(2)结构的化合物,六个氢原子都和碳原子连接,构成两个甲基,甲基上的氢和烷烃相似,不会被活泼金属置换。具有图(1)结构的化合物,有一个氢原子和氧原子结合,构成羟基,像水分子中的氢原子,是不是可以被活泼金属置换?

[学生1]书上有这一性质的说明。

[学生4]我们可以自己做实验。如果乙醇和金属钠能发生反应,有氢气放出,那肯定具有图(1)那样的结构。

[教师]很多同学都赞同这一意见。我们来试试看。实验桌上有两种乙醇,无水乙醇和95%的乙醇,你可以自己选用一种,或两种都试试;金属钠只能从试剂瓶中取最小粒的,要用滤纸吸干表面的煤油,确保实验安全。

(学生进行实验,实验后争相汇报交流实验结果)

[教师]实验事实说明无水乙醇能和金属钠缓慢反应,有气体放出。95%的乙醇也能和金属钠反应,也有气体放出。哪个事实可以用来说明乙醇应具有图(1)所示的结构,为什么? 为什么95%的乙醇和金属钠的反应要剧烈一些? 依据我们的实验,乙醇和金属钠反应的化学方程式应该怎么书写? 大家可以自己思考并解答。

我还想和同学们讨论一个问题:从反应现象和反应的微观变化来对比乙醇、水和金属钠的反应,我们可以得出什么结论?

[学生5]两种物质都能和钠反应,都有气体放出,水和金属钠的反应比乙醇剧烈。它们反应的化学方程式说明,金属钠都能把乙醇分子和水分子中的氢置换出来,水分子中的氢原子更容易被金属钠置换。

[教师]这位同学说"金属钠能把乙醇分子中的氢置换出来",准确吗? 为什么?

[学生1]不准确。乙醇分子中应该只有和氧原子连接的氢能被置换。但是我想,用乙烷中的氢不能被金属钠置换的事实来断定乙醇分子中其他和碳原子连接的氢也不会被金属钠置换,是否不严谨?

[学生6]这是事实呀。

[教师]乙烷中的氢不能被金属钠置换是事实。我们从这个事实分析,判断乙醇分子中烃基上氢原子也不能被金属钠置换,应该是合理的推断。但是,对这种推理提出质疑,也是无可厚非的。因为,乙醇分子中的烃基和乙烷分子中的烃基所连接的其他原子或基团不同,这些其他原子或基团是否可能对烃基上的氢原子的活泼性有影响,还很难说。大家能否设计实验并得出一个实验事实,可以直接证明乙醇分子中烃基上的氢是不能被金属钠置换的? (学生议论。教师聆听,不时和一些学生小声交换意见)

[教师]有一些同学提出,用实验测定1mol乙醇与足量金属钠反应能生成多少氢气,如果最多只生成0.5mol氢气,就可以证明乙醇分子中只有羟基上的氢原子能被金属钠置换。我觉得这是一个很有创造性的设计,大家觉得呢? (学生鼓掌)

[教师]我们关于乙醇分子结构的探究到这里就完成了。建议大家依据探究的结论,对乙醇的分子结构做一个简明的描述。

(几位学生给出几种不同的回答,如:乙醇分子是由乙基和羟基直接相连构成的;乙醇是乙烷分子中的一个氢原子被羟基取代的生成物等。教师做了简要评述)

第三节　发挥教师在课堂教学中的指导和协同学习作用

在学习共同体中,教师要有强烈的指导、支持和协同学习的主体意识,发挥"引起、维持、促进学生学习"的主体作用。

教师的指导、支持和协同学习作用表现于:

依据课程标准,建构教学单元,进行课时教学设计;

从学生的生活经验和学生可以理解的自然现象、生产生活中选择和学习内容相关的事物、问题来创设学习情景;

通过师生对话,激活学生的学习经验和相关知识,使之能迁移应用于当前学习活动;

提供条件和资源,鼓励、支持学生通过观察、实验、阅读学习资料、尝试练习、交流、探讨来开展学习活动;

及时从学生的学习活动、学习心得的展示,学生和同伴或教师的对话中发现、肯定学生所表现出的灵活性和创造性,促进学生间的交流和合作;

及时了解学生理解、掌握和运用新知识的难点及其原因,针对学生的疑难、困惑,通过师生对话,引导学生寻求同伴的交流和合作学习,有效地帮助学生释疑解难,提高学习实效。

控制课堂节奏,协调学生的对话交流和合作学习活动,把握学习方向和进程,创造机会并鼓励更多学生参与学习活动,展示自己对学习内容的理解和应用。

通过师生对话或案例教学(或范例讲解)帮助学生了解、掌握科学的学习方法。让学生了解知识的产生过程,了解科学家在创造知识过程中运用的科学方法,受到科学方法的熏陶,在潜移默化中体会科学方法,正确地理解化学概念和原理。

[案例 5-3]结合教学内容进行理想化方法的教育

理想化方法是自然科学研究中的一种重要科学方法。在化学科学发展的历程中,许多概念、原理都是运用理想化方法进行研究所取得的成果。这些概念和原理的教学,要从理想化方法运用的视角进行介绍、讲解,帮助学生认识这些概念原理的形成过程,以正确地理解和掌握化学概念和原理,了解理想化方法在化学科学研究中的重要性。

理想化方法包括为了便于研究而建立的一种高度抽象的绝对理想的形态或客

体的理想模型;以真实的科学实验为基础,以已有的化学的基本概念和基本观念、原理和逻辑思维法则为依据的理想实验设计。

原电池模型,金属的吸氧、析氢电化腐蚀模型,从正逆反应速率的变化分析化学平衡的建立等都是理想实验。在中学化学教学内容中有很多运用理想实验帮助学生形成概念、理解反应原理的例子。在教学中,要帮助学生认识理想实验的特点和局限性,正确理解化学概念和化学原理。

例如,钢铁吸氧、析氢腐蚀发生过程的理想实验。从钢铁在潮湿空气中发生腐蚀生成铁锈(以氢氧化铁作代表)的事实和条件出发,联系氧气、铁、碳的化学性质,依据原电池反应原理,运用思维方法,通过想象,分析推演变化的过程:钢铁表面水膜溶解的氧气和钢铁中的碳和铁,形成了许多微电池;铁原子失去电子,转化为亚铁离子;电子转移给碳,水膜中的氧气分子在碳上结合电子,形成氢氧根离子;亚铁离子和氢氧根离子结合成氢氧化亚铁,并进一步氧化生成氢氧化铁,发生吸氧腐蚀。而当钢铁表面水膜酸性较强时,氢离子在碳上结合电子析出氢气,发生析氢腐蚀。这两种理想化实验中,想象在铁发生氧化的同时,或发生氧气的还原,或发生氢离子的还原,把电化腐蚀过程的吸氧和析氢过程纯化、分别论述,帮助学生运用原电池反应原理比较清晰地感知、理解金属电化腐蚀发生的本质原因。

事实上,钢铁表面在空气中凝结的水膜一定含有溶解的氧气,吸氧腐蚀的发生是不可避免的。在水膜呈酸性的情况下,析氢和吸氧腐蚀同时存在。只有水膜酸性较强时,析氢腐蚀速率较快,才成为腐蚀的主要因素。不能机械地认为钢铁表面有酸性水膜,只发生析氢腐蚀。钢铁发生腐蚀的趋势、程度、速率和环境温度、水膜的电解质成分、酸碱度、氧气浓度、钢铁中的杂质等因素有关。钢铁的化学腐蚀、吸氧腐蚀、析氢腐蚀并非相互对立、相互排斥的。在很多情况下金属的几种腐蚀可以同时存在。

理想实验只是在深入分析物质及其变化的主要矛盾和主要因素的基础上,用严密的推理、演绎进行"实验"。理想实验可以完全排除次要的或干扰的因素。而真实实验,由于条件的限制,对研究对象的简化和纯化是有限度的,不容易甚至不可能完全排除次要的或干扰的因素。例如,进行伏打电池的实验,由于锌电极的纯度等因素的影响,锌板上不可能没有氢气析出。由于存在热效应和电阻,不可能使化学能完全转化为电能。而在理想实验中,可以想象锌电极上的电子全部通过外电路移向铜电极,转移给氢离子,在铜极板上析出氢气,氧化还原释放的化学能完全转化为电能。

化学教学中运用的真实的化学实验,可以呈现化学变化发生的过程、现象,揭示变化的本质和规律。在教学中为了突出呈现变化的主要过程、主要现象和主要特征,往往需要忽略次要的特征或因素,防止次要或非本质现象对教学的干扰。中学化学有不少真实实验的设计或操作中,要对研究对象加以合理地简化、纯化,带有理想化实验的色彩,使研究对象在比较纯粹的状态下表现出它的本质特征,揭示研究对象的本质属性和变化的固有规律,帮助学生形成科学概念。例如,要避免使用不纯、会产生干扰作用的试剂;要严格控制反应条件;实验装置力求简单,并有利于显示特征的变化现象。有时,还要注意把学生的注意力引导到观察、分析主要的现象和问题上来,避免次要的或会干扰正确概念形成的因素的影响。

教师的上述协同学习作用,表现于教学的全过程,体现了教师在教学中的积极作用。教师上述作用的有效发挥,不是靠教师凌驾学生之上的地位和威严,也不能借考试指挥棒和分数来驱使学生服从。教师要以自己的高尚人格、得体的教学行为赢得学生的尊敬,用自己精湛的教学赢得学生的信任。教师在课堂教学的各个环节都应体现"引起、维持、促进学生学习"的主体作用。

[案例5-4]初中"酸碱盐"单元教学中教师的协同学习作用

"酸碱盐"教学被认为是初中化学教学的最大难点。该单元是初中化学后阶段的一个学习单元,学习内容涉及多种物质、多种化学反应。要从个别物质的感知,提升到从酸、碱、盐、单质、氧化物的类别来认识,要把个别的反应归类,从四种基本反应类型、从酸碱盐的性质及其相互作用来理解、把握。这些内容还涉及不少化学概念和一些反应规律,还要联系自然生产生活的化学现象和化学应用事例。

对学习这些内容,如果前面各单元的学习比较扎实,教学目标把握得较好,教、学都得法,可以使所学知识系统化,化繁为简,把书读薄,达到豁然开朗、融会贯通的境界;反之,就会觉得难记、难理解、难掌握。教师在教学中的指导、支持、促进和协同学习作用的发挥,是影响教学效果的重要因素。教师的协同学习作用主要是:

1. 依据学科核心素养的培养要求,确定单元教学的目标。

"酸碱盐"的教学单元涉及的基础知识、基本技能多。但是,不能把知识技能归纳为知识点,在课堂上单向灌输,要求学生在课外"牢固记忆"、反复通过习题的练习熟练掌握。一些教师从平时教学到复习,都把知识点的记忆和练习作为教学的不二法宝,给学生开列记忆清单，并在作业中布置各种类型的练习、试题。需要记忆的清单包括各种常见物质的名称、化学式、色态、主要化学性质、主要反应和重要用途。这些常见物质记忆清单的内容，对初中生而言却并不常见，不免让学生畏惧和反感。用学科核心素养的培养要求为纲，融合三维学习目标，设计单元教学目标，是教学的第一位工作。

依据课程标准，结合教学内容，可以设计出如下的单元教学目标：

（1）了解无机化合物的简单分类：知道可以依据物质的组成和性质特点，把常见无机化合物分为氧化物、酸、碱、盐，能列举常见的物质做说明；

（2）认识酸碱盐：能列举常见酸、碱、盐的代表物，通过实验说明酸、碱溶液的性质特点，认识酸、碱的腐蚀性和浓硫酸的特性，知道如何安全地使用；了解生活中一些常见盐、化肥及其作用，认识碳酸盐、铵盐的性质特点，能应用实验检验碳酸盐、铵盐；

（3）了解溶液的酸碱性：知道通过实验来检验溶液的酸碱性，说明酸碱性对生命活动和农作物生长的影响，知道通过中和反应来改变溶液的酸碱性；

（4）认识置换反应、复分解反应：能举例说明置换反应、复分解反应的特点，能运用酸、碱、盐的主要性质和反应通过实验探究，解决简单的化学实际问题。

2.联系学生的经验和生产生活实际创设学习情景，激发学习兴趣，培养学生关注身边的化学现象、理论联系实际的学风。

例如，利用醋酸、盐酸、消石灰、食盐、碱面（纯碱）、石灰石（大理石）、碳铵、肥田粉及其应用的事例，石灰岩溶洞的形成等自然现象，创设情景，激发学生的学习兴趣；引用假黄金（黄铜）、掺假食盐（含硫酸钠）的检验，牙膏中碳酸钙摩擦剂的检验设计实验。教学有一定的方法，但并没有固定不变或可简单套用的方法。教师应根据实际情况来设计、组织教学。

3.设计组织探究活动，通过实验探究、分析推理，理解知识的形成过程，学习运用化学知识技能解决实际问题的意识和能力。例如，利用化学实验检验土壤样品的酸碱性；设计并进行实验证明氢氧化钠溶液能吸收二氧化碳气体，并发生化学反应，生成碳酸盐。

4.倡导探究学习、学生间的合作学习、讨论交流和师生间的对话，转变学习和教学方式，提高教学实效。例如，在"常见的盐"教学中，学习盐的化学组成特点、了解常见的盐，都可以通过组织学生讨论来进行，使学生获得更深刻的印象，帮助学生更深刻地建立盐的概念。例如,讨论下列问题:我们日常生活中不可缺少的食物添加剂——"食盐"也简称为盐,它和化学学科中讲的酸碱盐的"盐"是什么关系? 从化学组成上看,为什么说食盐是盐类的一种? 建筑工地上使用的一种工业盐,称为亚硝酸钠,化学式是 $NaNO_2$,也有咸味,但对人体有毒,它和食盐在组成上有什么相同与不同之处? 许多化学肥料如碳铵 NH_4HCO_3、硝酸钾 KNO_3 也都属于盐类,为什么? 对这些问题的讨论交流,可以促进学生对"盐"概念的理解。

5. 运用学习心理学和学习规律,通过课堂教学的学习活动,帮助学生提高学习效率和学习效果。

初中化学学习的化学基础知识,对化学科学而言,相当于英语学习中的"ABC".许多基础知识的记忆,对后续的学习是非常重要的,例如典型金属、非金属元素的符号和常见化合价,常见物质的名称、化学式,无机物的一般分类等等,这些知识都需要牢记。在"酸碱盐"教学单元,学生要记忆较多原先没有接触过、实践过的事物,要记住一些难以说明"为什么是这样"的知识,没有良好的记忆习惯和一定的记忆能力,学习会遇到较大的困难。帮助学生培养良好的科学记忆习惯,发展、提高记忆力,对于初中化学教学来说也是不可忽视的。

人们在生活中感知过的事物、思考过的问题、体验过的情感、练习过的动作,都可以保持在大脑里,并在相应刺激的影响下重现出来,这就是记忆。人类没有记忆,就没有智慧活动可言。信息的趣味性、新奇程度,所造成刺激的强烈程度,学习者的专注程度,对记忆内容理解的深刻性,记忆规律和方法的掌握,记忆时间的分配等等因素,都会影响记忆效果和记忆能力的提高。

在课堂教学中,教师要有意识地通过自己的教学行为,帮助学生提高记忆效率。例如,遇到重要的记忆内容(如常见物质的化学式),在讲课中要注意提高读、写、用的频数;要减少一次性要求记忆的材料数量;要注意以旧引新,通过已经被牢固记忆的知识的联想,使新、旧知识之间形成有机联系,提高新知识储存记忆的效果;通过应用,特别是在新情景中的应用,促进学生对知识的理解,促使该知识从短时记忆转入长期记忆;注意避免知识储备之间的负干涉,利用前后信息间的正干涉,提高记忆效果。此外,在教学中,还要结合教学内容给学生介绍相应的记忆方法,帮助学生提高记忆效率,提高学生记忆的广度、速度、持久度和准确度。

讨论表明,中学课堂教学的组织形式和实施方式,决定了教师和学生都是教学活动的主角,要共同参与学习活动。学生是参与学习活动的主角,要主动学习,积极参与教学活动。教师是设计、组织、调控学习活动的主角。教师要激励、引导学生参与学习活动,观察、聆听学生的学习活动,和学生共同交流、切磋,教学相长。

由于教师、学生在教学中所要完成的任务不同,所处地位、身份不同,教师和学生又处于不同的人生发展阶段,人生经历、社会经验不同,学历、学养、学习能力、处事方式、态度上的差异,决定了教师和学生在教学中的角色、教学行为是不同的。在中学课堂教学的各个阶段,教学内容、教学环境和教学活动,要依据课程标准确定和组织,具有规定性;学校所在地域、办学条件、教师和学生的差异,又决定了它应有一定的可变性和灵活性。把握、处理好课堂教学的规定性、可变性和灵活性的关系,设计和组织教学活动,正确处理教和学的关系,教师应该负有主要责任。

从课堂教学性质、特点出发,全面考虑教师和学生在教学中的地位、角色,全面地、客观地分析、看待、处理好教师和学生的关系,是提高中学课堂教学质量和效益的重要问题。

第六章　提高学习情境创设的时效性

学习情景创设是课堂教学的基本要素,是教师的基本功。学习情景创设,即依据教学目标和教学内容,从学生经验或自然、社会生活中选取典型的场景、事物,利用某种教学媒体,辅以教师的语言描绘,鲜明地展现在学生眼前,或为学生提供观察研究的客体,或为开展学习活动提供场景。学习情景创设目的要明确,要贴合教学内容,情景要真实,确实能为学生提供激发学习欲望、开展探究学习的场景,营造合作学习和交流讨论的教学氛围。

有效的学习情景,应该在学生学习过程的始终都能发挥引起、维持和促进学习的作用:一要能揭示(或呈现)学习的课题,让学生进入学习的愤悱状态,形成强烈的求知欲望和浓厚的探究氛围;二要为学生提供学习场景,或能利用情景提供的条件开展学习活动;三要能形象生动地呈现出学习成果,使学生体验到学习成功的愉悦。

第一节　创设化学学习情景的两种常见方法

在化学教学中,如何创设学习情景,才能在课堂教学的整个过程都能发挥引起、维持和促进学习的作用? 从许多成功的课堂教学中可以提炼出如下经验:

情景创设要体现化学学科特色,能够体现化学知识发现的过程、应用的条件以及学科知识在生活的意义与价值。学科性是教学情景的本质属性。要注意挖掘化学学科自身的魅力,利用化学学科研究内容和方法的特点生发情景。

1. 利用化学实验创设学习情景

化学是在原子、分子水平上研究物质及其变化与合成。原子、分子等微粒及其运动,看不见、摸不着,但是物质的化学变化总伴随着种种宏观的现象,变化的结果大多清晰可见。自然世界、生活生产中有许多生动、翔实的物质及其变化的现象和事实,可以从中选取与教学内容密切联系的内容,

可以利用化学实验鲜明、突出地再现物质变化的现象,创设学习情景,引发学

生思考和探索。

[案例 6-1]"原电池原理"教学情景创设一例

为了唤起学生学习"原电池原理"课题的兴趣，一位教师在点明学习课题之后，指出学习"原电池原理"是为了了解平时使用的各种电池的电能是从哪里来的。

"大家知道，能量是不能无中生有的，只能从一种形式转化为另一种形式。同学们是否想过，电池释放出的电能是从什么形式的能量转化来的？"

"这个问题值得问，而且应该问。只是我们司空见惯，认为电池就是用来产生电能的，因此见怪不怪。老师希望大家凡事要多问为什么。我想请大家观察一个演示实验，在观察中作思考。"

教师在一个烧杯中装入半杯稀硫酸，把几条镁带拧成一束，再取出一张薄铜片，弯曲成直径稍小于烧杯内径的半圆筒状，而后用铜导线把镁带、铜片和一个小电珠串接，再把镁带和薄铜片插入稀硫酸中。学生惊奇地看到电珠发亮，镁带在酸溶液中剧烈反应、发出嘶嘶声，镁带上有气泡产生，铜片上也有大量气泡析出。从溶液中取出镁带，电珠熄灭了。

学生讨论后认为电珠发亮说明有电流通过，电能转化为光能。电能是镁带发生化学反应所释放的化学能转化的。教师问，这种判断的依据是什么？学生回答，镁和酸溶液发生反应，肯定有化学能释放出来，电珠发亮说明有电能产生。教师反问，镁和酸溶液发生反应释放出化学能，电珠发亮说明有电能，凭什么可以把这两件事联系起来？仅仅把一束镁条浸入酸溶液，也发生反应释放出化学能，但并没有电能产生，为什么？有学生说，那是因为没有形成电路，就没有电流。教师又问，要形成闭合电路这是对的，但有了闭合电路，实验中电流又是从哪里来的？铜片并不与稀硫酸反应，铜片上析出的气泡（氢气）是怎么产生的？

接着，教师把电珠换成电流计，让学生观察电流计偏转方向，判断电流的流向。启发学生把镁的溶解、铜片上有氢气析出、电子从镁一极流向铜一极三个事实联系起来，做分析、讨论。通过讨论，学生理解了化学能是怎么转变为电能的。

问题分析之后，教师问学生还有什么疑问。一位学生说，按照分析，镁失去的电子从外电路流向铜片，氢离子在铜片上结合电子被还原，但是实验中在镁条上也有氢气放出，说明镁失去的电子是直接转移给氢离子的。这不是矛盾了吗？教师赞扬了这位学生，同时指出两个现象并没有矛盾。实验证明，镁条溶解时失去的大量电子，有部分通过外电路流向铜片，也有部分直接转移给镁条周围溶液中的氢离子。说明这样的实验装置，难以使镁条溶解失去的电子都沿着外电路转移到铜片上，也就是说，反应释放的化学能并没有完全转化为电能。该装置只是说明化学能可以转化为电能的一种实物模型。一个能实际应用的化学电池，要求有较高的能量转化效率，其结构必然更为复杂。

在原电池原理教学中，不少教师还利用多种不同的实验来创设学习情景，如用柠檬、柑橘制造水果电池驱动音乐芯片，用新奇的现象，揭示了化学能在一定途径下转化为电能的事实；通过剖开新的和废旧的干电池让学生观察对比，帮助学生认识化学反应和电能产生之间的关系等等。

运用化学实验创设学习情景，进行化学实验的目的，不仅仅是为了呈现物质性质和变化的事实或现象，还要为讲解所要学习、掌握的知识做引子或铺垫；不能如同蜻蜓点水般，只是把实验现象、结果和所要学习的结论挂上钩就万事大吉了。用化学实验创设学习情景，应该引导学生仔细观察实验现象，从所观察到的实验现象或实验结果中发现问题，通过思考、分析、归纳，运用逻辑推理或逻辑证明方法寻找现象背后所隐含的本质或规律，了解知识形成过程，深刻理解所要学习的知识。

[案例6-2]初中"氧气的性质"教学的实验情景创设

初中化学教材"氧气的性质"单元，通常都引用若干种物质在氧气中燃烧的实验创设实验情景。一些教师只是把这些实验事实作为说明氧气性质的实例，让学生记忆实验条件、现象、实验操作注意事项，学习书写化学方程式。把实验现象、氧气性质的结论作为两个知识点灌输给学生。以为学生能把实验现象和氧气的性质结论记住并直接挂上钩，就达成了学习目标。这种教学，注重"知其然"，而忽视"知其所以然"，没有引导学生思考"为什么空气中含有氧气，还要费事去制备氧气进行实验"，也没有引导学生思考怎样从几种物质在氧气中燃烧的现象抽象、归纳出"氧气是性质活泼的气体，能和许多物质发生氧化反应"的结论，实际上没有达到创设学习情景的目的。

进行木炭、蜡烛、铁丝等可燃物在氧气中燃烧的演示实验，应当帮助学生学会观察、分析实验现象，通过归纳和抽象，从而认识到：①木炭、蜡烛、铁丝等可燃物在氧气中燃烧，都具有发光、发热，生成氧化物的共同特征；②木炭、蜡烛在氧气中燃烧比在空气中更为剧烈，在空气中不易燃烧的铁丝在氧气中却可以剧烈燃烧，生成熔融状态的四氧化三铁；③许多可燃物在氧气中燃烧，需要一定的条件（例如先点燃）。从而领悟氧气的性质特点，建构有关氧气化学性质的知识，认识到可燃物在空气中能燃烧的根本原因就在于空气中有氧气。

　　实验的观察、分析、推理和归纳，是知识建构不可或缺的环节。要在实验情景中，引导学生通过自己的思考，弄清楚"实验说明了什么""揭示了什么"，明白"为什么这么说"。

　　又如，不少教师设计燃烧条件的教学，程式化地让学生观察纸张、木条、煤块在酒精灯上加热点燃的快慢和难易，直接得出"三种物质在酒精灯上点燃的快慢、难易程度不同，说明它们燃烧所需要的最低温度不同"，直接告诉学生"可燃物燃烧所需要的最低温度，称为该物质的着火点"，得出"只有可燃物的温度达到着火点，才会发生燃烧"的结论。没有引导学生理解从可燃物在酒精灯上加热点燃的快慢、难易怎么得出"可燃物有一定的着火点""只有可燃物的温度达到着火点才会发生燃烧"的结论。要让学生通过实验的观察分析，思考认识到：点燃可燃物，实际上是加热可燃物的过程；当可燃物受热升高到一定温度时，可燃物就会燃烧；不同的可燃物用相同的方式点燃，其快慢、难易程度不同，说明它们需要的热量多少不同，燃烧需要达到的温度不同。如果学生没有经过自己的思考，领悟从实验现象如何得出结论，只是囫囵吞枣地接受教师、书本给出的结论，就不可能真正理解"着火点"的概念，理解"可燃物要燃烧，温度要达到着火点"的结论。也因此，不少学生在学习灭火的条件时，还往往把"使可燃物温度降低到着火点以下，就可以灭火"理解为"使可燃物着火点降低，就可以灭火"。

　　化学课程要学习元素化合物的性质和变化等知识，这些知识有些是常识性的，有些具有典型性，有些是说明和印证概念、原理的证据。这些事实性知识需要学生牢固掌握。在教学中不仅要帮助学生从这些宏观现象中获得具体的感性认识，还要领悟它们与相关概念、原理知识间的联系，实现感性认识到理性认识的飞跃和提升。运用化学实验创设学习情景，如何让学生获得深刻的印象并能牢固掌握，显得特别重要。

　　[案例6-3]用氯化铁趣味实验创设学习情景

　　为了帮助学生复习巩固氯化铁的化学性质与相关反应的知识，提高运用已学知识说明、解释问题的能力和推理能力，可以用氯化铁趣味实验创设学习情景。

　　实验内容如下：

　　1.利用氯化铁溶液、蒸馏水和必要的试剂进行七项实验，分别使反应后得到的混合物呈现①血红色，②褐色，③浅绿色，④紫色，⑤深蓝色，⑥乳白色，⑦类似碳酸饮料的液体,用你学过的化学知识解释发生的现象,并说明为了得到良好的实验效果,在实验中你是如何选用试剂并控制必要的实验条件(如试剂的浓度、用量、温度等)。

2. 在 0.5mol/L FeCl$_3$ 溶液中滴加 0.1mol/L KI 溶液,然后加入 CCl$_4$,振荡后观察发生的现象。另取 0.5mol/L FeCl$_3$ 溶液,先逐滴加入 4mol/L NH$_4$F 至溶液呈无色,再滴加 0.1mol/L KI 溶液,然后加入 CCl$_4$,振荡后观察发生的现象。对比两次实验,做出合理的推理,并做解释说明。

2. 注重利用学生的经验,联系现实生产生活,从鲜活的社会生活环境中发现、挖掘化学学习的情景资源,创设学习情景

知识来源于生活,又用于解决生活实际问题。任何有效的教学都始于对学生已有经验的充分挖掘和利用。学生的经验包括认知经验和生活经验。正如陶行知先生说的:"我们要以自己的经验做根,以这经验所发生的知识做枝,然后别人的知识方才可以接得上去,别人的知识方才成为我们知识的一个有机部分。"

化学教学应该引导学生从生活中学习化学,让化学回归生活。所创设的学习情景,虽然蕴含着学习内容需要的化学信息,但不等于知识本身,要注意引导学生在学习情景中,从生活经验、社会生产的事物、场景中,通过对物质及其变化现象的观察、分析,发现问题、探索问题,经过抽象、概括,把感性认识上升到理性认识,建构知识。

应该依据化学学科特点、具体的学习内容、学校所处自然与社会环境、学生的生活经验等来选择学生可以理解的社会生活中的事物,创设学习情景。

[案例 6-4]通过调查研究学习"空气污染防治"

一位乡镇中学的化学教师,在引领学生学习"空气污染防治"的课题前,让学生在课外分组了解、收集所在乡镇的空气质量状况。学生用镜头、文字、数据记录乡镇工厂排放的浓烟,田间焚烧秸秆飘散的黑烟,以劣质汽柴油为燃料的拖拉机、农用小卡车排放的浓烟所造成的大气污染;到图书馆查阅空气污染的资料。课前,教师阅读学生的调查报告,围绕学习课题选出四份调查报告,加入自己的补充意见和阅读感言,协助学生通过对调查收集的资料的整理、归纳、概括,按主题编排,设计课堂讨论方案。运用学生的调查报告,回答了以下几个问题,使学生形成对环境问题的理性认识。

哪些物质是常见的空气污染物? 我们乡镇有哪些主要的大气污染物,这些污

染物来自哪里?

什么是PM$_{2.5}$?它的主要来源是什么? 常见的空气污染物对人类健康、生态环境会带来哪些危害?

二氧化碳气体不是大气污染物,为什么要提出节能减排,控制并减少排入大气的二氧化碳气体的量?

多年来,世界和我国在治理大气污染方面采取许多措施,你对此了解多少? 为了还我们乡镇一个洁净的大气环境,我们该做些什么,你有什么建议?

通过调查、分析,你对化学科学和环境问题的关系有什么认识?

通过课堂讨论,学生在自己熟悉的、可理解的社会生活情景中,通过师生的合作学习和交流,了解了有关大气污染防治的化学知识,理解了化学科学在研究、防治大气污染方面的贡献,把信息转化为自己的知识,培养了学生关注与化学有关的社会问题的习惯,养成理论联系实际的学风。

第二节　化学学习情景创设需要注意的几个问题

1.教学情景一定是内含问题的情景,才能有效地引发学生的思考。问题要指向教学的目标,要新颖、有趣,引发学生做深层次的思考和探索。问题的难易程度要适合学生的学习水平。由于实际问题比较复杂,涉及许多学科知识或社会制度、社会管理,不能简单、片面地从化学视角解释说明或寻找解决问题的方法,以免误导学生。

[案例6-5]利用荧光棒创设"反应速率影响因素"的教学情景一位教师在"影响化学反应速率的因素"的教学设计中用荧光棒实验创设教学情景,激起了学生强烈的学习兴趣,收到了很好的教学效果,得到同行的好评。

荧光棒是青少年参加演唱会、晚会等活动喜欢携带的东西。荧光棒中有两组溶液,一组封装在透明塑料管中,另一组封装在薄壁的小玻璃容器中,后者置于塑料管中。当折断薄壁的小玻璃容器,两组溶液混合后,发生化学反应,释放出光能,使塑料透明管中荧光染料发出冷光。因为两种试剂混合发生反应的速率,受到温度、浓度、混合均匀程度的影响,这些条件发生变化,荧光棒的发光强度也随之发生变化。由于荧光棒内装入的两种反应物的浓度和数量是一定的,一旦让它们混合反应后,随作用时间的延长,试剂被逐渐消耗,浓度降低,发光强度也就随之减弱。

教师巧妙地利用这一现象,在教学中设计了两个问题情景,让学生讨论,而后通过演示实验,引导学生学习反应物浓度、温度、反应物间接触面(混合均匀程度)对反应速率的影响。

1. 在演唱会上,你有什么简单的办法可以让带来的荧光棒变得更亮吗? 你能用实验证实你的想法吗?

2. 为参加演唱会提前准备的荧光棒,不小心塑料管中薄壁的小玻璃容器被折断了,有什么方法可以让它延长发光寿命,使它能保存得长久一些,能赶得上演唱会用?

在课外和同学讨论利用同一规格的荧光棒,借助光敏传感器或照度仪,设计实验验证以下两个假设:①荧光棒中的化学发光反应会随着反应时间延长而慢慢减弱;②温度每升高10℃(温度不要超过70℃,避免塑料管熔化),化学发光反应的速率就会提高2倍。

2. 创设的学习情景应能给学生提供良好的暗示或启迪,有利于提高学生的创造意识和创造性思维。

创设的教学情景,应该是感性、形象的,看得见、摸得着的,能有效地丰富学生的感性认识,刺激和激发学生的想象、联想和推理,促进学生感性认识向理性认识转化和升华,使学生能够超越个别经验的限制,举一而反三。例如,用模型或碳原子的核外电子排布式、轨道表示式,呈现碳原子价电子层结构,表明碳原子外层只有2个未成对电子,且其原子轨道是相互垂直的,再用甲烷的分子结构模型,显示甲烷分子中碳原子能以4个共价单键和4个氢原子成键,且4个价键对称分布,指向以碳原子为中心的正四面体的四个顶点。通过两者的对比,激起学生探寻其中原理的欲望,教师可以启发学生从微观结构所呈现的事实,设想、推测原子间能形成这种结合形式的可能原因,为理解杂化轨道和杂化键原理铺平道路,完成知识的构建。

3. 学习情景要让学生获得积极向上、正面的情感体验。

教学情景要具有激发学生情感的功效,能激起学生的感情波澜,激发、鼓励学生探索和研究的热情。值得注意的是,利用教学情景开展教学,要给学生的思想意识以有益或良好的影响。例如,不宜用令人畏惧的人畜中毒或死去的血腥场面来呈现某种化学品的毒性或对环境的破坏性影响。因为,任何化学品对人和环境而言都利弊共存,关键是人们如何去使用它,过分渲染化学品的毒害,不仅不利于学生全面认识其性质,也会在情感上给学生负面的影响。有一个化学教学录像,记录几只小白鼠关闭在封闭的钟罩里,痛苦挣扎,终因缺氧窒息而死。那种场景,固然能给学生留下"没有氧气,生命就难以维持"的深刻印象,但是那种呈现小白鼠死亡过程的场面会给年少的学生在情感上留下怎样的影响,是我们不能不顾及的。

4. 概念教学中创设的问题情景,要注意概念与具体事物的联系和区别,考虑概念形成的阶段性,避免给学生造成理解的困难而误导学生。

化学概念是抽象的,带有观念性的认识。概念是以感觉、知觉和表象为基础,通过分析、综合、抽象、概括等思维活动,从个别到一般,从具体到抽象,逐步把握同类事物的本质而建立起来的。它不同于个别事物的本身。事物本身是可观察、可测量的,概念则是思维加工的产物。概念可以用文字来描述、定义,可以引用实例来说明。但是,未必能找到只呈现概念所描述的本质特征,而没有其他特征的事物,甚至很多时候无法找到属于概念"化身"的事物。所谓"白马非马",就是因为"马"的概念并不包含它应该有什么样的皮毛颜色。概念的掌握有一个逐渐深化的过程。青少年对某个概念的认识,总是从它所代表的某个具体事物开始;而后,逐步进入到从事物的某些明显的外部特征或者它的功能作用来理解概念,并以此来认识概念所指的某类事物;最后,才能慢慢体会从事物的本质特征来理解概念,形成逻辑定义。概念的形成是从外部的、比较具体的非本质特征到内部的、比较抽象的本质特征的不断深化的过程。

例如,初中教学中,最初帮助学生形成的"物理变化""化学变化""溶液""胶体"等概念,是粗浅的。例如,说某种变化是化学变化,只是强调该变化有新物质生成,而不代表它没有其他变化(例如物理变化)发生。"物理变化""化学变化"的概念并非用于对纷繁复杂的物质变化进行的科学分类,物质的变化并非"不是物理变化就是化学变化"那么简单。说"木头燃烧是化学变化",因为变化中有新物质生成,但不意味着该过程没有物理变化或其他变化发生。类似的,说某种物质是胶体,也指的是它具有胶体的本质特征(分散质微粒的直径在 $10^{-7} \sim 10^{-9}$ m 范围内)。从这个意义上说"豆浆是胶体",并不否定其中含有溶液的成分。因此,不能把概念简单视为区别客观存在事物的标签。不能让学生分辨"牛奶是胶体还是溶液""米饭在口腔中咀嚼发生的变化是物理变化还是化学变化"之类的问题。

又如,高中刚刚接触的电解质、非电解质的概念,是从化合物的水溶液或熔融状态是否能导电来认识的,随着学习的深入,再逐步从该化合物能否发生电离、从物质中微粒间的化学键类型等角度来理解。正因为如此,在概念教学的最初阶段,用事物创设情景,要注意防止机械、绝对化地理解科学概念,避免误导学生。把电解质、非电解质看成是对物质进行系统分类的概念,认为所有的物质不属于电解质就属于非电解质,要学生判断铜、液氨是电解质还是非电解质,都是不妥当的。

5. 注意通过语言描述把学生带入特定学习情景。单纯以语言描绘来创设教学情景,和实际事物、实际场景、演示实验或学生实验相比,缺乏生动的形象。但可以对学生的认知活动发挥导向性作用,可以渗透教师的情感,感染学生,师生情感交流提高了感知的效应,情景会更加鲜明,并且带着感情色彩作用于学生的感官。学生因感官的兴奋,主观感受得到强化,从而激发起情感,促进自己进入特定的情景之中。因此,既不要忽视直观的用具体事物或场景来创设情景,也不要轻视通过语言描述,把学生带入特定学习情景的方法,而把两者结合起来,可以取得较好的效果。当然,随着学生年龄的增长,学习的内容更为抽象,用直观手段来创设学习情景的情况会逐渐让位于运用语言描述的手段。

第三节　在教学实践中研究情景创设的有效性

情景创设要与学习内容的完成、学习目标的达成紧密相连。一般来说,学习内容是与学生的已有经验联系密切的,与学生可以理解的生活实际、社会实际联系紧密的。学生理解掌握较为困难或者学起来较为枯燥的学习内容,都应该利用学习情景创设手段。通过学习情景创设引起学生对学习内容的关注,激发学习兴趣,引导学生将学习内容与情景中的现象或问题联系起来,以激活学生头脑中存储的知识,把新旧知识联系、重组,更新并完善知识结构。然而,并非所有化学知识的学习都要先创设学习情景。如果创设的教学情景,只能引起学生一时的注意和兴趣,与教学内容关系不大,或只是起了引入教学课题的作用,与后续教学活动无关,就没有创设的价值。一些教师在初中化学的绪言教学(或第一节课的教学)中,给学生表演了许多新奇的化学实验(如大象牙膏、神仙壶等)。这些趣味实验和绪言教学的内容关系不大,和教学目标无关,学生不明白其中蕴含的化学知识或化学价值,教师也难以讲解,在后续的教学中也不再接触到,不具有教学价值。

从情景创设的教学实践看,问题情景创设的有效性是需要特别注意的。问题情景创设的关键在于所设置的问题能否激发学生的探索欲望,能否引发思考和探索、讨论和对话,使学生认知从低层次迈向高层次,形成有效的学习活动。

创设问题情景不仅仅是为了促进课堂教学的运行,更重要的是能激发学生的认知冲突,引起学生探究学习的欲望。问题要指向学习的关键问题,明确而有吸引力。不宜把一个具有一定深广度的学习内容,分解成一系列琐碎的小问题,让学生沿着教师或教材编写的思路,循着教师的脚印来解答问题、完成学习任务。那样的问题设置和问题解决方法,将学生的思维限制在教师或教材的思路上,让学生顺着教师设定的路径走,难以培养学生的思维能力,学生也不可能通过自己的思考探索来建构知识,无法形成相对完整的知识结构。教师应根据教学内容创设问题情景,设计一组有层次、有梯度、相互衔接的关键问题,引导学生深入思考,深刻理解知识,掌握结构化的知识。

有效的问题一般有五个特征:

有情景。能显示问题是在何种情景下(Where)中发现或产生的,有助于学生对问题背景的认识,准确地理解问题。

问什么(What).要求依据事实性知识或通过分析推理做回答。

问为什么(Why).要求依据事物间或事物各部分间关系或结构,做论证、推理。

问是怎样的(How).要求掌握能解决问题的知识,并具有将知识应用于具体情景的能力。

问如果……那么……(If...then...).在事物或情景的某种属性发生变化的情况下能设想或推断可能发生的结果。

[案例6-6]为讨论铝制器皿腐蚀而设置的问题

问题情景:铝是金属活性较强的金属,在加热条件下能和水发生置换反应。铝是两性元素。金属铝能溶解于酸溶液,也能溶解于强碱溶液。然而铝合金被广泛用于制造日常烹饪用具,可以烧水、煮饭、炒菜。这是什么原因? 你能用实验事实说明所做的解释吗?

铝制器皿不宜使用肥皂、纯碱溶液来清洗,也不宜烹饪酸性食物,为什么? 你能用实验事实说明所做的解释吗?

有人发现,食盐溶液能腐蚀铝制器皿,但是,食盐溶液既不呈酸性,也不呈碱性,食盐溶液能腐蚀铝制器皿可能和什么因素有关?

分析:要回答铝制器皿可以烧水、煮饭、炒菜,不宜使用肥皂、纯碱溶液清洗,也不宜烹饪酸性食物的原因,对于多数已经学习了金属铝化学性质的学生而言并不困难。"用实验事实说明所做的解释"则是一个开放性的问题,需要学生寻找能用于说明所做解释的实验证据。如证明金属铝或铝合金表面存在能阻止内部金属铝和热水发生反应的致密氧化铝薄膜,并进一步证明这层氧化铝薄膜能被酸性溶液、碱性溶液溶解。要回答呈中性的食盐水能腐蚀有氧化膜的铝制器皿的原因,排除了酸性、碱性、钠离子对氧化铝薄膜的作用因素,唯一的可能就是食盐溶液中存在的氯离子造成的。这一推理判断,需要学生有独立思考能力和逆向思维能力。

案例中所设置的问题情景和提出的问题,确实能帮助学生更深刻地理解所学知识,提高灵活运用知识解决问题的能力,促进学生思维能力的发展。

自然科学的学习,要在真实的学习情景中展开。问题的提出、解决,探究的结论,要符合事物变化的规律,符合事物发展的因果关系,切忌想当然地用主观臆测代替事实,不能为练习而练习,不能为验证某种知识而任意改变客观事实。

[案例 6-7]违背客观事实的问题情景,有不如无

(1)广范 pH 试纸能测出蒸馏水、NaCl 溶液的 pH 吗?

一位教师在讲授"盐的水解"课题时创设问题情景,让学生用广范 pH 试纸测定几种盐溶液的酸碱性,显示某些盐溶液可能呈现酸性或碱性,引出某些盐溶于水能发生水解。学生观察到 NaCl 溶液滴在广范 pH 试纸上,试纸不变色,仍呈金黄色,和比色卡比较后,记录下 NaCl 溶液 pH 约为 5~6。学生如实报告了测定结果。教师反问,NaCl 溶液是中性的,常温下 pH 应是 7,你的测定结果正确吗? 其他学生虽然得到的现象与汇报的学生无异,却没有人敢提出质疑,都按教师说的修正了记录。事实上,广范 pH 试纸是用滤纸浸渍几种酸碱指示剂的混合液晾干制成的。常见的一种混合指示剂是用一定比率配合的甲基红、溴百里酚蓝、百里酚蓝和酚酞溶解在 70%~80% 酒精中制成的。用混合指示剂制成的广范 pH 试纸,通常情况下呈金黄色。在制作该试纸时,为了减弱空气中 CO_2 对测定的影响,已将指示剂混合液调至弱酸性(pH 约为 5),在这一 pH 下,吸附在滤纸上的混合指示剂呈金黄色。不同 pH 的酸性、碱性溶液可以改变吸附在滤纸上的混合指示剂的颜色,所以用广范 pH 试纸可以粗略测定酸性、碱性溶液的 pH。但是,非常弱的缓冲溶液,浓度低于 0.01% 的酸、碱溶液、蒸馏水、食盐水等中性溶液都无法改变试纸上混合指示剂的颜色,无法显示相应的 pH。

学生观察到的正确现象,被教师轻易地否定了。学生接受了教师给出的错误结果,令人遗憾。这样的问题情景设置,虽然符合教学的需要,论证了食盐溶液是

中性的,但给学生造成的影响是非常不好的。为了得到"正确的结论"可以违背实验事实,这样的学习情景创设,有不如无。

(2)能用切开苹果的褐变,证明 Fe^{2+} 在空气中容易被氧化吗?

一位教师为了讲解"Fe^{2+} 在空气中容易被氧化为 Fe^{3+}",用苹果切开后,切面的果肉很快地由浅色变为黄棕色,而在新榨的苹果汁中添加维生素 C,可以防止颜色改变的事实,创设情景做说明。

实际上苹果果肉会由浅色变黄棕色,与铁(Ⅱ)离子(Fe^{2+})无关。

许多瓜果切开后置于空气中,都会渐渐转为黄棕色,这种现象在食品科学中称为褐变。水果的褐变大多是在酶的催化作用下果肉中的酚类物质发生氧化而发生的,属于酶促褐变。这是由于许多植物体内存在着酚类化合物,如多元酚类、儿茶酚等。水果及蔬菜中通常存在的儿茶酚是植物鞣质的成分,是形成水果口感、酸味以及颜色的一个重要来源,具有重要的营养和保健功能。但是这些酚类物质有强还原性,在水果中存在的酚氧化酶的催化下非常容易被氧化成邻苯醌,颜色随之加深。

新鲜的果蔬在组织没有损伤之前,酚氧化酶存在于细胞器中,不与酚类化合物接触,也不与空气中的氧接触,因而不发生氧化变色反应。当细胞组织受损伤以后,酚氧化酶就被释放出来与酚类化合物接触,在空气中氧的氧化作用下,酚类化合物发生了氧化,氧化产物醌的积累和进一步聚合及氧化,形成紫色的儿茶酚四聚体,多聚体形成得越多,切口面的颜色就会越深,使食品的色泽变暗。苹果褐变的速率受到下列因素的影响:酚氧化酶的活性及含量、多酚的含量、所接触的氧气浓度。多数酚氧化酶发生催化作用的最适合 pH 为 6~7,当 pH<3.0 时,基本失去活性。维生素 C 等化合物可以降低 pH,抑制酚氧化酶发生作用,可以有效地防止褐变。

凭主观臆断,用错误的事实或者自己不明白的事实来创设学习情景,以违背客观事实的说明来帮助学生学习是非常荒谬的。情景创设必须杜绝人为杜撰的虚假情景。

问题情景中的问题,起点要高、落点要低,能为学生提供"最近发展区"。既要让学生认识到凭已有经验和知识难以解决,需要进一步学习、思考,也要能让学生通过自己的努力可以解决,获得问题解决的愉悦。问题设置要从大处着眼,能激活学生的思维,促进学生高阶思维能力的发展。有些问题过小、过于琐屑、思考余地不多;有些问题的答案从书上可以找到,不用思考,使用这样的问题,教师满堂问、学生"热烈讨论",仍然无法激发学生主动探究、深入思考的热情。学生也不可能体验到主动学习的乐趣,思维能力和分析解决问题的能力也不可能得到提高。

问题要有不同层次,高层次的问题可以为学生提供更高水平的学习空间,能满足高学力学生的求知欲望,深化对学习内容的理解。学力较低的学生,可以在教师的启发引导下、同学的带动下完成学习任务。发散性的问题,能让学生在合作学习中有多样思维方式的碰撞,培养思维的创造性。

问题情景所提出的问题,并非一定是由教师提出的。教师要鼓励学生自己发现并提出问题。对学生提出的各种不同问题,教师要学会筛选,运用不同方法、不同策略做处理。一些问题和教学内容关系不大,既要尊重、保护学生发问的权利和意愿,也要用适当方式把问题转向课堂学习的内容。一些和学习内容相关的问题,限于课时、学习阶段和进度,以及教师自己的认识水平,虽不可能一一解决,但也不能回避、敷衍了事,要做好交代和说明。从学生提出的问题中可以得到学生感兴趣、又与学习内容密切相关的问题来创设问题情景。

第七章　研究课堂学习活动的设计组织

课堂转型,教和学的行为方式的转变是核心问题。谈起课堂教学教和学的行为方式,不少人总会想到教学模式的选择和运用。课程改革过程中出现了不少新的课堂教学模式。但课堂转型并非要运用或创造新潮的课堂教学模式。课堂转型关注学科教学方式和学习方式的转变,目的在于促进学生学科核心素养的培养。

第一节　教学模式与课堂教学活动的设计组织

通常把"教学模式"定义为在一定教学思想或教学理论指导下建立起来的较为稳定的教学活动结构框架和活动程序。教学模式强调从宏观上把握教学活动整体及各要素之间内部的关系和功能,从活动程序上体现教学活动的有序性和可操作性。教学模式能为各个学科的教学提供依据一定理论的模式化的教学方法体系,在教学理论与教学实践之间搭建桥梁,可以帮助教师克服凭经验和感觉靠着自己摸索处理教学实践的状况,规范和指导课堂教学的设计和组织。

每一种教学模式都是一定的教学理论或教学思想的反映。教学理论或教学思想影响教学目标的制定,决定着教学模式的操作程序和师生在教学活动中的关系,以及教学评价的方式和标准。目前,依据不同的教育教学理论,提出的教学模式多达十余种,如"传递—接受式""自学—辅导式""探究式教学""自主学习模式""抛锚式教学""范例教学模式""发现式学习模式""合作学习模式",还有强调利用学生先前经验对问题进行解释的"现象分析模式"、依据信息加工理论的"加涅模式"、依据有意义学习理论的"奥苏贝尔模式"等等。

从课堂教学中教和学的关系看,教学模式可以有三类,一是教师系统地向学生传授书本知识的模式;二是教师指导、引领学生通过学习活动自主学习的模式;三是介于上述两者之间的模式,教师讲授和学生学习活动并重,学生在教师的组织指导下开展学习活动。

教学模式随着社会的进步不断变化、发展,从单一教学模式向多样化教学模式发展,由归纳型教学模式(重视从经验中总结、归纳)向演绎型教学模式(从一种科学理论假设出发,推演形成)发展,由以"教"为主向重视"学"为主的教学模式发展,教学日益重视学生的学习活动设计和组织,注意利用现代科学技术的新理论、新成果推进教学模式的现代化。

我国在20世纪五六十年代广为流行的是"传递—接受式"教学模式。"传递—接受式"教学模式是苏联凯洛夫等人对赫尔巴特的四段教学法进行改造而形成的。该模式以传授系统知识、培养基本技能为目标,认为教学是从教师到学生的一种知识单向传递,注重教师的权威性和间接经验在掌握知识方面的作用,强调教师的学习指导作用,注重发掘学生的记忆力、推理能力,使学生比较快速有效地掌握更多的知识。该教学模式倡导三中心(以教师为中心、以课堂为中心、以知识为中心),五环节[组织教学、复习旧课、讲授新课、巩固新课(或知识、练习)、布置作业]的基本教学程序。

20世纪70年代后,随着凯洛夫教学模式被批判,西方各种教育、教学理论得以介绍和普及,不同的教育教学专家介绍、推介了多种多样的教学模式。其中的某些教学模式,在不同时期,在不同力量的推动下,在不同地区的中小学一线都曾经推行(或流行)过。基础教育课程改革实施以来,探究式教学模式受到推崇。探究式教学是依据皮亚杰和布鲁纳的建构主义理论提出的,它以问题解决为中心,着眼于学生的思维和探究能力的培养。注重学生的前认知,注重学生的独立学习活动,注重体验式教学。探究式教学的基本程序是:问题—假设—推理—验证—总结提高。首先创设一定的问题情景,提出问题,激发学生的自主探究欲望。然后组织学生对问题进行猜想和做假设性的解释,并在富有开放性的问题情景中进行实验探究。为了实现自主学习的目的,教师要引导学生自己去发现问题,做适时的点拨,再设计实验进行验证,最后进行总结。我国基础教育课程改革,九年义务教育课程标准和高中化学课程标准都倡导探究式教学,指出"科学探究是一种重要而有效的学习方式",要求"引导学生体验科学探究的过程",提出了按八个要素发展学生科学探究能力的要求。

我国基础教育课程改革实施的十余年来,一些地区和学校推行的课堂教学模式,虽然名称各异,但基本上是属于自学辅导式。自学辅导式的教学模式是学生在教师的指导下自己独立进行学习的模式。其教学基本程序是:自学—讨论—启发—总结—练习巩固。这种教学模式注意发挥学生的主体性,以培养学生的学习能力为目标。它是在学生先行独立学习的基础上,教师再根据学生的具体情况进行指导。它承认学生在学习过程中试错的价值,培养学生独立思考和学会学习的能力,能够培养学生的独立思考能力。

我国基础教育课程改革中涌现出的课堂教学改革尝试典型,吸取了国内外各种教学模式的长处,努力探索提高课堂教学实效的途径,提出了各自的教学模式,为课堂教学改革积累了宝贵的经验。但是,从多数课堂教学的实践和研究看,对课堂教学模式的认识和选择应用比较随意,如有些地区的地方教育教学行政领导依照自己的主观意愿,为了实现"课堂转型",要求地区里的学校推行一种教学模式,倡导一种教和学的行为模式,但不多久就不了了之。从课堂转型的视角认真分析研究不同教学模式及其对教学的影响,研究课堂教学的教和学的行为方式,提高教师的课堂教学设计组织能力,是非常必要的。

从国外、国内基础教育课堂教学的改革和发展看,课堂教学愈来愈重视课堂学习活动的设计和组织,学生的学习活动成为课堂的主旋律。事实性知识的学习需要学生通过感知、理解、接受、记忆,通过练习再现和简单应用所学的知识,获得巩固,真正学会。方法策略性知识需要学生用探究的方式,通过动手操作、动脑思考来学习。让学生经历实验、调查等活动,运用推理、归纳、概括等逻辑思维方法,通过同伴间交流、讨论和反思来学习;再运用所得的结论来解释、说明相关的问题,拓展认识,在"做中学",达到"学会""会学"的目的。价值性知识的学习,应让学生在学习和运用的过程中体验、反思,获得感悟和认同,在"悟中学"。

课堂,应该是学生在教师的激励、引导和组织下,开展形式多样的学习活动的学堂。课堂上,既有学生的独立学习,又有学生之间的合作学习、师生之间的对话和情感交流,使课堂充满活力、富有创造性。凡是符合现代教育理念和教学思想的教学模式,无论是"自学—辅导式""探究式教学""自主学习模式""发现式学习模式""合作学习模式",都非常强调学生的学习活动。课堂教学模式的选择和应用应该多样化,应该服从于教学需要,促进课堂转型的实现。不应将课堂教学模式化,教学模式要依据教学内容、学生的学习基础和能力,乃至学校的教学条件、教师的教学特点等来选择。不论采用什么样的教学模式,都要在学习活动的设计和组织上下功夫,使教师教的行为和学生学的行为和谐统一,形成教学共同体。

学习活动的设计,要有明确的目的,要精心设计活动任务、活动的组织形式、活动开展的方法和步骤,并留有调整的余地。好的活动设计,应该是主题明确,活动程序清晰,要求有层次,呈递进式。学生可以在教师提供的活动框架中主动开展探究学习,在"做中学",体验学习成功的愉悦。

[案例7-1]《有机化学基础》模块醇类教学的学习活动设计

醇是"烃的衍生物"单元学习的第一类化合物。按教学内容的内在逻辑顺序,依据教学进程,可以设计、组织学生在真实的问题情景中开展交流讨论、实验探究、资料阅读和问题解决等学习活动。通过学生、师生间的交流、合作和协同学习,达成学习目标,落实学科核心素养的培养任务。

1. 学习活动一:理解、掌握烃的衍生物的概念,了解单元学习内容

学习内容和学习方式:联系生活经验,通过交流和问题讨论,理解"烃的衍生物"的概念。

我们在生活经验中已经知晓甲醇、甲醛、三氯甲烷三种有机化合物,化学家称它们是"甲烷的衍生物"。对比甲烷、甲醇、甲醛、三氯甲烷的分子组成和结构,你能理解"甲烷衍生物"的含义吗? 依此类推,你能简洁地说明"烃的衍生物"和"烃类"的关系吗?

2. 学习活动二:了解、学习简单的烃的衍生物组成结构的分析表征,掌握乙醇的组成结构知识

学习活动内容和学习方式:运用探究学习和问题解决的学习方式,学习乙醇的组成和结构知识,认识醇的分子结构特点和官能团。

(1)交流讨论。在日常生活经验和工农业生产中,我们经常会了解到有关酒精(乙醇)或名称中含有"醇"的物质的性质和应用的信息。例如,含酒精饮料、含剧毒的甲醇的假酒、消毒酒精、甘油(丙三醇)、碘酒、乙醇汽油、固体酒精、胆固醇、有抗癌作用的白梨芦醇……从这些和你了解的其他有关信息,谈谈你对乙醇、醇和人的关系的认识。如果有机会更多了解乙醇和醇类的化学信息,你希望进一步了解什么?

(2)探究学习。通过下列信息和实验的分析、研究,尝试推断乙醇的组成、结构。

信息1:4.6g乙醇完全汽化,生成的乙醇蒸气在标准状况的体积是2240mL.使4.6g乙醇在氧气中完全燃烧,生成8.8g二氧化碳气体和5.4g水蒸气,且没有其他的生成物。

实验1:分别在10mL无水乙醇、10mL水中投入一小粒金属钠,观察对比反应

的现象。

信息2：实验测定发现，4.6g无水乙醇和金属钠作用可生成1120mL氢气。

信息3：科学家运用它核磁共振方法，测得两种分子式都是C_2H_6O的有机化合物的它核磁共振图谱。

（3）用自己的语言总结乙醇的组成、结构，举出能说明这些结论的实验或事实。分析乙醇分子中含有哪些基团，有几种不同的化学键。

3. 学习活动三：在实际问题情景中，通过结构分析推测并进行实验探究活动，依据实验事实论证、掌握乙醇的性质特点和有关反应

（1）讨论交流。乙烷和各种烃一样难溶于水，而乙醇能与水以任意比互溶，也能与氯仿、乙醚、丙酮等多数有机溶剂混溶；乙醇的相对分子质量是46（和丙烷相当），而乙醇的沸点（78℃）比丙烷（-42℃）高得多，乙烷和乙醇都易燃。试从物质组成、结构和物质性质的关系角度推测其可能原因。

（2）探究学习。已知乙醇在一定条件下能发生下列化学反应，依据提供的信息（或观察分析化学实验，获取有关信息），从乙醇分子结构入手分析各个化学反应前后有哪些化学键发生了断裂，生成了哪些新的化学键，理解和掌握乙醇的化学性质特点。

信息1：在化学必修部分的学习中我们已经知道乙醇与金属钠反应生成乙醇钠并放出氢气。

$$C_2H_5OH+Na \longrightarrow C_2H_5-ONa+H_2\uparrow$$

乙醇在铜存在下和氧气发生催化氧化反应，生成乙醛：

$$2CH_3\overset{\overset{\displaystyle H}{|}}{\underset{\underset{\displaystyle H}{|}}{C}}-O-H +O_2 \xrightarrow[\triangle]{催化剂} 2CH_3\overset{\overset{\displaystyle O}{\|}}{C}-H +2H_2O$$

观察分析演示实验1：试管Ⅰ中依次加入2mL蒸馏水、4mL浓硫酸、2mL95%的乙醇和3g溴化钠粉末，通过反应获得与乙醇作用的氢溴酸。试管Ⅱ中注入蒸馏水，烧杯中注入自来水。加热试管Ⅰ至微沸状态数分钟后，冷却。观察得到的反应生成物。实验中乙醇和氢溴酸发生的反应如下：

$$C_2H_5-OH +HX \longrightarrow C_2H_5-X +H_2O$$

（X＝Cl, Br, I）

观察分析演示实验2：在大试管中放入P_2O_5并注入4mL95%的乙醇，加热，温

度控制在170℃，乙醇转化为能使稀酸性高锰酸钾溶液褪色的乙烯气体。

实验证明，如果实验的温度条件控制在140℃，获得的产物不是乙烯而是乙醚：

$$2CH_3CH_2OH \xrightarrow[170℃]{浓硫酸} CH_2\!=\!CH_2\uparrow + H_2O$$

在不同温度下乙醇脱水反应的产物不同，试说明乙醇分子在不同条件下结构发生的变化。

观察分析演示实验3：在大试管中加入3mL乙醇，然后边摇动试管边慢慢加入2mL浓硫酸和2mL冰醋酸（纯的乙酸），连接好装置。用酒精灯小心均匀地加热试管3至5分钟，将产生的蒸气经导管通到饱和碳酸钠溶液的液面上。在液面上可以观察到有少量油状液态物质出现。它是乙醇和乙酸反应的生成物，具有特殊香味，称为乙酸乙酯：

$$CH_3CH_2OH + CH_3COOH \underset{\triangle}{\overset{浓硫酸}{\rightleftharpoons}} CH_3COOCH_2CH_3 + H_2O$$

化学家用含有同位素 ^{18}O 的乙醇代替普通乙醇和乙酸进行上述反应，发现生成的乙酸乙酯中也含有同位素。

$$\overset{\overset{\displaystyle O}{\|}}{CH_3C}\!-\!H + CH_3CH_2 \underset{\triangle}{\overset{浓硫酸}{\rightleftharpoons}} \overset{\overset{\displaystyle O}{\|}}{CH_3C}\!-\!^{18}O\!-\!CH_2CH_3 + H_2O$$

请判断乙醇和乙酸反应过程中反应物共价键的断裂，和生成物中新化学键生成的情况。

（3）交流讨论。我们已经知道化学家依据反应特征把有机化学反应加以分类，如我们学习过的取代反应、加成反应、聚合反应。除了这些类型，化学家把在一定条件下，从一个有机化合物分子中脱去一个或几个小分子（如 H_2O、HBr 等）生成不饱和（含双键或叁键）化合物的反应叫作消去反应。

依据有机化学反应的分类方法，归纳上述信息和演示实验分析所获得的结论，运用下面的表格，总结乙醇在一定条件下所发生的化学反应：

序号	乙醇发生反应的化学方程式	反应类型	断裂的价键
1			
2			

续　表

序号	乙醇发生反应的化学方程式	反应类型	断裂的价键
3			
4			

（4）交流讨论。对比乙烷和乙醇的分子结构和性质，乙烷分子中的一个氢原子被羟基取代得到的乙醇有了许多乙烷所不具备的性质特点。你认为乙醇分子中的羟基和烃基（乙基）相比，哪种基团对乙醇的性质有更大的影响？为什么把羟基称为醇类的官能团？

在醇类化合物中，羟基是醇类的官能团，直接连接在烃基上。醇分子中的羟基，决定了它们的性质特征。试判断下列化合物哪些属于醇类。

（5）尝试练习。丙醇 $CH_3CH_2CH_2OH$、异丙醇 $CH_3CH(OH)CH_3$ 也都能发生催化氧化反应、消去反应，以及和溴化氢发生取代反应，请用化学方程式表示所发生的反应。

4. 学习活动四——应用醇类的结构性质知识分析解决简单的实际问题

（1）用甲醇制作燃料电池。甲醇不仅可以用于部分代替汽油，用作发动机燃料，还可以用作燃料电池的燃料。甲醇燃料电池由甲醇负极、氧正极和质子交换膜构成。在催化剂作用下甲醇被氧化为 H_2O 和 CO_2。甲醇用完后，只要补充甲醇水溶液就可以继续使用了。它可以用于笔记本电脑、汽车等。可以实现污染物的"零排放"。请说明甲醇电池正极和负极的电极反应。

（2）应用练习。

维生素 A_1 在人体内可以转化为反式视黄醛。后者是维持人的正常视力不可缺少的物质。请说明维生素 A_1、反式视黄醛分别属于哪类有机化合物，维生素 A_1 转化为反式视黄醛，发生了哪一类有机反应。

草酸二乙酯是无色油状液体，是有芳香气味的有机化合物，用作药物苯巴比妥、磺胺甲噁唑等药物的中间体，还可作为塑料的中间体和纤维、香料的溶剂，用于有机物的合成等。

乙二醇、草酸、草酸二乙醇的结构依次是：$HO—CH_2—CH_2—OH$、

$$HO-\overset{O}{\underset{\|}{C}}-\overset{O}{\underset{\|}{C}}-OH \quad,\quad CH_3CH_2O-\overset{O}{\underset{\|}{C}}-\overset{O}{\underset{\|}{C}}-OCH_2CH_3$$

乙二酸在一定条件下可以直接氧化生成草酸。请分析并写出上述各步合成反应的化学方程式。

5.学习活动五——归纳总结本单元学习心得体会,交流讨论

总结本单元学习的基础知识、基本技能和有机化学的学习研究方法。通过学习,你对醇类物质和有机化学有了哪些新的认识?

课堂转型,要重视学生学习活动的设计和组织。但是,不能为活动而活动,如果活动目的不明确,重形式轻内容,只能是有活动之形,无学习之实,将使课堂教学陷于无效的境地。

第二节　探究式课堂教学模式下教学活动的设计组织

探究式课堂教学模式以学生的科学探究学习活动为中心来展开课堂教学。简单地说,科学探究学习是"在做科学中学科学"。"做科学",即学习像科学家那样发现问题,用科学的方法研究问题,获得新的认识,"做科学"的过程,一般包括下列过程:发现、提出问题—对问题的可能答案提出科学的假设—获得充足的有根据的资料或证据—运用所得资料证据进行分析、归纳和论证,得到探究的结论—对所得的结论做反思、交流,思考所得结论是否符合客观实际,是否能解决问题。"学科学",是通过探究学习活动,提高问题意识和探究意识,学习新知,提高学习研究能力,理解科学的本质。

"发现提出问题、运用科学方法、获得新的知识、提升探究意识、提高探究能力、理解科学本质",是科学探究学习的36字真经。

什么是科学本质? 通俗地说,就是人类探究自然界奥秘、探索真理的过程。科学认识过程的思考方式、认识方式是建立在真实的证据的基础上,尽力避免偏见与误差。科学不等于科学知识。科学知识包括科学事实、概念、原理、规律和科学理论,是人们在观察、思考自然现象或进行科学实验中获得的对客观世界的认识,是科学家们对客观世界的描述和反映,是客观世界在人脑中的反映。科学发现和发展的许多史实和故事,可以帮助我们认识什么是科学。以下是化学教师们并不生疏的故事。

[案例7-2]从两个科学发现史实能得到什么启示?

1.氩气的发现

1892 年,英国科学家瑞利发现从空气除去氧气制得的氮气和从氨制得的氮气的密度不同,分别是 1.2572g/L 和 1.2508g/L,有千分之几的差别。他在《自然》杂志上发表了他的发现,并请大家帮他分析其中的原因(发现提出问题)。

拉姆塞推断空气中的氮气里可能含有一种较重的未知气体(假设)。他们又做了大量的实验。1894 年他们用干燥空气除氧、

水蒸气、二氧化碳、尘埃、有机物,用灼热镁粉吸收余下的氮气,发现还有 1/80 的气体。他们测得这些气体的密度几乎是氮气密度的 1.5 倍,又测定了光谱,证实它是一种新元素——并称之为氩 Ar(基于证据的推理判断)。

2. 稀有气体化合物的发现

19 世纪末以来,稀有气体元素不能生成稳定化合物的结论给科学家划定了一个禁区。只有少数化学家怀疑这一结论,试图合成稀有气体元素化合物(提出问题)。

1932 年,苏联阿因托波夫报道,他在液态空气冷却器内,用放电法使氪与氯、溴反应,制得了较氯易挥发的暗红色物质,并认为是氪的卤化物。有人采用他的方法重复实验时未获成功。阿因托波夫就此否定了自己的报道(实验收集证据,得出结论)。1933 年,鲍林通过计算,预言可以制得六氟化氙、六氟化氪、氙酸及其盐。扬斯特受阿因托波夫的报道和鲍林预言的启发,用紫外线照射和放电法试图合成氟化氙和氯化氙,均未能检验出卤化氙的生成(实验,得出结论)。扬斯特没有坚持实验。以后的 30 多年中很少有人进行研究。到 1961 年,鲍林也否定了自己预言,认为"氙不能生成通常含有共价键或离子键的化合物"。就在鲍林否定其预言的第二年,英国年轻化学家巴特列特用 PtF_6 与等摩尔氧气在室温条件下反应,得到了一种深红色固体,经 X 射线衍射分析和其他实验确认此化合物为 O_2PtF_6,证明 PtF_6 能够氧化氧分子。他通过联想、类比、推理和计算,认为 O_2 可以被 PtF_6 氧化,氙也应能被 PtF_6 氧化,且 $XePtF_6$ 一旦生成,也应能稳定存在。他仿照合成 O_2PtF_6 的方法,在室温下得到了橙黄色固体 $XePtF_6$。

第一个含有化学键的"惰性"气体化合物诞生了,证明了巴特列特的设想是正确的。1962 年 6 月,他正式向化学界公布了自己的实验报告,震动了化学界。持续 70 年之久的关于稀有气体在化学上完全惰性的传统说法,从实践上被推翻了,开辟了一个稀有气体化学的新天地。

什么样的课可以采用探究式模式来设计、组织? 这是设计组织探究式课堂教

学之前需要斟酌的。要考虑教学内容是否适合于使用探究学习;探究学习活动以及通过探究得到的结论是否有助于学习目标的达成;如果适合,应该提出什么样的探究问题。斟酌这些问题,可以避免有形无实的无效"探究"。

应用探究教学模式进行课堂教学活动的设计、组织,则要仔细推敲以下几个问题:探究的问题怎么设计? 怎么获得事实、证据? 怎样从探究获得的证据得到结论? 这些问题的提出和解决,是教师自己做还是让学生来思考、尝试?

在课后,还要分析探究活动是否能达成学习目标,有没有需要改进之处或是否有更好的探究方案。

[案例 7-3]如何设计"质量守恒定律"的探究学习活动

"质量守恒定律"的探究学习,并非让学生学习如何发现化学反应质量守恒定律,也不是让学生通过实验验证质量守恒定律。

让学生回到拉瓦锡发现"质量守恒定律"的时代,去模仿、重复前人的探究实验,发现质量守恒定律,这样的探究是否有意义? 开始学习这一课题的初中学生,对"化学反应"本质的认识已经大大超过了拉瓦锡。学生已经知道化学变化是组成物质的元素原子的重新组合,而原子在化学反应中既没有变成其他元素的原子,也没有消失,那么由原子组成的物质,在化学反应中质量还会改变吗? 再说,用测量精度只有 0.1g 的托盘天平,可以获得有说服力的检验证据吗?

"质量守恒定律"的探究学习,目的在于帮助学生发现自己认识的误区,更深刻地理解、认识化学反应中物质质量的关系,掌握"质量守恒定律"。学生从理论上做推理,可以得到符合质量守恒定律的结论。可是他们会问,蜡烛燃烧后消耗了、消失了,薄铜片在空气中加热、灼烧,氧化变黑、变重,这是否和质量守恒定律相背离?

"质量守恒定律"的探究学习活动,应该帮助学生找到理论推导和实际看到的事实之间的矛盾在哪里,问题出在哪里。为此,可以设计下列探究学习活动的方案:

1. 根据人们对化学变化发生本质的认识,你认为化学反应中参加反应的物质质量总和与反应生成的物质质量总和有什么关系?

2. 查阅化学史资料(波义耳、拉瓦锡的实验),你有什么想法?

3. 为什么实验结果不一样? 问题在哪里?

4. 你发现问题的关键了吗? 质量守恒定律的表述中哪些字眼是不可忽略的?

探究学习活动,要激发学生积极主动地参与学习活动的热情。活动的课题不能太大、太宽泛,活动目的和整体框架要明确,使学生易于理解活动目的,能主动开展活动。但是,不能把活动内容规定得太死、操作程序规定得太细。如果学生只能按教师下达的程序"探究",像教师操纵下的木偶,失去了探究的主动性,没有独立思考的空间和时间,探究活动则只能流于形式。

[案例7-4]有哪些熄灭蜡烛火焰的方法?

初中学生学习了"燃烧的条件",后续的教学内容是学习、研究如何依据燃烧条件来防火、灭火。如何组织学生通过自己积极主动的学习活动来掌握学习内容?

一种方法是依据燃烧的三个条件,让学生逐一思考并进行实验,证实移除可燃物、降低燃烧物温度、把燃烧物和空气隔离,都可以达到灭火、防火的目的。另一种方法,是让学生通过积极主动的体验式学习活动和交流讨论掌握知识。

学生通过燃烧条件的学习,知道了燃烧需要三个条件,缺一不可。那么学生一定容易想到,只要移除任一个燃烧的必要条件,就可以达到防火、灭火的目的。教师要做的不是讲解哪些方法可以防火、灭火,或者让学生跟着自己亦步亦趋地逐一学习、验证灭火的原理,而应创设学习情景,设计学生可以积极主动参与的学习活动。例如,一位教师做了如下的设计:

在讲台上的一只敞口空水槽中点燃了一根短蜡烛,一个木盘子上预先放着各种用具(没有告诉学生其中有什么用具),要求学生每人想出一种不同的熄灭蜡烛火焰的方法,向同学说明所做选择的理由,并动手从木盘子中取用需要的用具进行实验操作。学生争先恐后举手说明自己想到的方法,并动手实验。学生先后用了多种不同方法熄灭蜡烛:用烧杯罩灭;用湿抹布盖灭;用扇子扇灭;用嘴吹灭;用水浇灭;在水槽中加入一些纯碱和盐酸,让生成的二氧化碳气体熄灭蜡烛;用沙土盖灭;用剪刀剪掉烛芯……在学生活动结束后,教师引导学生将各种方法按灭火的原理归类,帮助学生理解哪些方法降低了燃烧着的蜡烛的温度;哪些方法使燃烧着的蜡烛和空气隔绝;哪些方法起到了把未燃烧的蜡烛和火焰隔离。

学生主动地参与学习活动,并在教师的指导下进行交流、总结,加深了对知识的理解,提高了理论联系实际、灵活运用知识的能力。

在课堂的探究学习活动中,教师教的行为、学生学的行为的协调,师生的交流互动是非常重要的。教师教的行为要依据教学目标,结合教学内容和学生的学情来设计,要在教学过程中依据学生的反馈适时调整,做到预设和生成并重。学生的学习行为是在课堂活动的整体框架中进行的,但是作为学习活动主体的学生,应能发挥自己的学习能动作用,有独立的阅读、思考、实验、交流讨论、练习的时间和空间。教学活动的设计组织要尊重学生的学习主动性。师生的交流互动,主要体现在教师通过教的行为,对学生的学习进行指导、支持(包括鼓励)和协同学习作用,体现在情感的交流和共鸣上。

[案例7-5]铁离子氧化性和亚铁离子还原性的实验探究活动设计在学生已经认识铁可以形成亚铁盐和三价铁盐,了解 KSCN 溶液可以用于区别亚铁盐和三价铁盐溶液的基础上,可以设计下列教学方案,让学生通过实验观察和探究认识铁离子的氧化性和亚铁离子的还原性。

[问题的提出]

分别向浅绿色的 $FeCl_2$ 溶液(1)、含有小铁钉的 $FeCl_2$ 溶液(2)、棕黄色的 $FeCl_3$ 溶液(3)中滴加 KSCN 溶液,发现溶液(1)显淡红色,溶液(2)颜色不改变,溶液(3)显血红色。另取浅绿色的 $FeCl_2$ 溶液(1),加入少量还原铁粉,振荡得到溶液(4),而后再滴加 KSCN 溶液,溶液不变色。

请学生对比、思考、分析四个实验的现象,说明可以做怎样的推断。

[学生思考讨论](略)

[提出实验探究课题]教师归纳、整理学生提出的推断:从 $FeCl_2$ 溶液(1)与 KSCN 溶液作用显淡红色,说明其中含少量 Fe^{3+}。含有小铁打的 $FeCl_2$ 溶液(2)、$FeCl_2$ 溶液(1)中加入还原铁粉后,滴加 KSCN 溶液都不显红色,说明其中不含 Fe^{3+},很可能是金属铁把 Fe^{3+} 还原为 Fe^{2+};也可以说 Fe^{3+} 有氧化性,能把单质铁氧化为 Fe^{2+}。

还有许多事实说明 Fe^{2+} 容易被氧化为 Fe^{3+},而 Fe^{3+} 有氧化性。例如,实验室里使用的 $FeCl_2$ 溶液容易被溶液中溶解的氧气氧化。在不影响使用的情况下,可以在 $FeCl_2$ 溶液中加入无锈的铁钉或一些还原铁粉,防止 $FeCl_2$ 被氧化。

我们能不能利用学过的化学知识,用简单的实验来检验上述推断,证明 Fe^{2+} 容易被氧化为 Fe^{3+},而 Fe^{3+} 有氧化性?

[学生交流讨论实验方案,进行实验]

(1)在不含 $FeCl_3$ 的 $FeCl_2$ 溶液(或 $FeSO_4$ 溶液)中,加入具有氧化性的氯水或过氧化氢水溶液(双氧水),再用 KSCN 溶液检验溶液中是否含有 Fe^{3+}。

(2)在 $FeCl_3$ 溶液中加入足量还原铁粉,振荡,滴加 KSCN 溶液,检验溶液中的

Fe^{3+}是否已被还原。

[实验活动小结]（略）

[知识的运用]

(1)教师建议学生进行两个趣味实验,观察发生的现象,并做解释说明:

在5mL0.1mol/L$FeSO_4$溶液中滴加2滴0.1mol/L酸性$KMnO_4$溶液。

在2mL0.1mol/L$Fe_2(SO_4)_3$溶液中加入研成粉末状的维生素C,振荡,直至溶液褪色。而后再滴加2%的过氧化氢水溶液(双氧水),直到溶液重新恢复棕黄色。

(2)教师演示$FeCl_3$溶液与铜的反应:用滴管吸取少量30%$FeCl_3$溶液,在除去氧化膜的铜片上画个图案,放置片刻后,用少量水将铜片上的溶液冲洗到小烧杯中,观察溶液的颜色和铜片表面的变化。请学生解释发生的现象,说明发生的反应。而后,展示印刷电路板,说明在敷有铜箔的塑料板上形成电路板的方法。

(3)教师用实物投影,展示补血剂琥珀亚铁片及其使用说明书,请学生依据它的成分和使用说明,解释为什么琥珀亚铁片"要密闭保存""和维生素C同服效果较好"。

第三节　"自学—辅导"课堂教学模式下教学活动的设计

"自学—辅导"模式的课堂教学,强调以"发挥学生的学习主体性,培养学生的学习能力"为教学目标。目标的达成要以学科知识的学习为载体,但不能把基础知识的掌握、基础技能的习得、应试能力的提高取代学习目标的全面达成。"自学—辅导"课堂教学模式的设计组织的关键点,应该落在指导学生自学,依据学生的自学情况对学生进行辅导上,以保证教学目标的达成。

一些教师用"先学后教,当堂训练"概括"自学—辅导"课堂教学模式的特点,按照五个步骤开展课堂教学活动:启发(用问题激发学生的求知欲望和自学需要)—阅读(学生在课堂上在教师督促、指导下自学)—练习(学生按教师要求独立进行练习)—检查(检查练习完成情况)—小结(教师概要讲解,整理知识系统,答疑、纠错,规范解答)。还有一些教师提出的"自主学习"模式通过"学生课外预习—课堂讨论、展示、反馈"的方式展开教学活动。为了指导学生自学,采用教师编写的学案(导学案、讲学稿)发给学生自学和课内讨论、练习使用。按这种教学程序展开的课堂教学,着眼点不应该只关注知识点的掌握、解答书面练习和试题能力的训练;教学的评价也不能只以考试成绩和升学率的提高为依据。

1. 自学指导的设计组织。

为了观察学生的自学状况,对学生进行指导或答疑,自学要尽量安排在课内进行,不占用学生的课外时间。把自学的指导意见,编写成简明的书面自学指导提纲(资料),印发给学生(也可用讲演文稿在课堂上通过投影显示),让学生在自学过程中使用,学生也可以依据自己的需要使用指导意见,可以节省教师进行口头自学指导的时间。

自学指导提纲(资料)要简明扼要,能真正发挥指导学生自学的作用。例如,指导学生如何使用教材自学、把握学习的核心内容、检查自学效果、发现疑难问题。自学指导提纲(资料)不应当只是学习目标的罗列,教材知识点、技能点的提示,更不能变成课内练习题、测试题的汇集。自学指导提纲(资料)的质量高低直接影响学生的自学效果和自学能力的提高。教师对教学目标认识的准确与否,对教学内容的理解、把握的程度,对学生学习过程的了解和指导能力,直接决定了自学指导提纲(资料)的质量,需要同年段教师群体共同研究、协作完成;需要在教学实践中揣摩、修改、充实提高。

[案例 7-6]沪教版初中《化学》第 6 章第 3 节"物质的溶解性"两套自学指导提纲的比较

一

[自学导航]

1. 影响物质溶解性的因素为__、__、__。

2. 饱和溶液指的是__;不饱和溶液指的是__。

3. 判断溶液是否饱和的方法是:__。

4. 现有下列方法:①升高温度,②降低温度,③加入熟石灰,④增加水,⑤蒸发水,能用来将熟石灰的不饱和溶液转化为饱和溶液的方法是__。

[问题解析]

在一定温度下,某物质的饱和溶液一定是( )。

A. 非常浓的溶液

B. 增加该溶质,溶质还能继续溶解的溶液

C. 很稀的溶液

D. 比该温度下该溶质的不饱和溶液浓

分析：饱和溶液与浓溶液没有必然的联系，但相同温度下，饱和溶液一定比同一溶质的不饱和溶液浓。故答案应该选 D．

[自学评价]

1.下列因素不会影响物质溶解性的是（　）。

A.溶质的性质 B.溶液的质量

C.溶剂的性质 D.温度

2.下列措施不能使不饱和溶液转变为饱和溶液的是（　）。

A.蒸发溶剂 B.增加溶质

C.改变温度 D.加速搅拌

3.现有20℃时的硝酸钾饱和溶液100g，能使该溶液变为不饱和溶液的方法是（　）和（　）。

A.蒸发掉20g水后，保持温度为20℃；

B.温度不变，加入20g水

C.降低温度到10℃

D.升高温度到30℃

4.要使硝酸钾不饱和溶液变为饱和溶液，可采用的方法是（　）。

A.加水 B.升高温度

C.降低温度 D.将溶液倒出一部分

5.在一定温度下，向氯化钠饱和溶液中加入少量氯化钠的晶体，则（　）。

A.晶体质量减小 B.溶液的溶质质量分数增大

C.晶体质量不变 D.溶质的质量增大

6.下列说法中错误的是（　）。

A.改变条件可使不饱和溶液变为饱和溶液

B.饱和溶液一定比不饱和溶液浓

C.硝酸钾饱和溶液在温度不变时，不能再溶解硝酸钾

D.一定温度下，与固体溶质共存的溶液是这种溶质的饱和溶液

[拓展探究]

1.化学中有许多概念是相对的，又是统一的。下图反映了饱和溶液、不饱和溶液、浓溶液以及稀溶液的关系是＿。

（1）从图7-9可以看出，饱和溶液与浓溶液、稀溶液的关系是＿。

(2)稀溶液0.9%的医用生理盐水可归于图中__区域(选填"Ⅰ""Ⅱ""Ⅲ"或"Ⅳ");现有一瓶接近饱和的NaCl溶液,若要使它变为饱和溶液,一般采用的方法是___或___。

二

[自我检查]

学习"物质的溶解性"需要有下列知识基础,你掌握了吗?

(1)物质在水中溶解有什么现象发生?

(2)溶液由什么成分组成?溶液的质量怎么计算?

(3)把20g食盐投入30g水中,得到的溶液是否一定是50g?为什么?

[自学提纲]

阅读课本,根据自己的理解回答下列问题:

(1)溶质在溶剂中的溶解能力(溶解性)受到哪些因素影响?除了教材所写的例子外,请举出其他例子加以说明。

(2)按教材"活动与探究"的指导,用实验桌上的仪器药品进行实验,得出结论。

(3)一定温度下,把某种物质溶解在一定量溶剂里,可以得到饱和溶液,也可以得到不饱和溶液,这说明什么?怎样把一种物质的不饱和溶液变成该物质的饱和溶液?怎样把一种物质的饱和溶液变成该物质的不饱和溶液?

(4)要定量地表示或比较不同溶质在溶剂中的溶解性大小,要对哪些条件作规定?为什么?

(5)可以用哪些方法表示物质的溶解度是随温度的变化而变化的?

(6)完成教材"观察与思考"中关于溶解度曲线的5个问题。

(7)怎样利用溶解度曲线来确定在40℃的50g水中,要溶解多少克硝酸钠,才能得到硝酸钠的饱和溶液?

[疑难问题]提出自学中发现的疑难问题或不理解的内容。

[教材的知识结构]

参照图7-10思考并和同学讨论:教材论述物质的溶解性,讲了哪些问题,是怎么讲的?

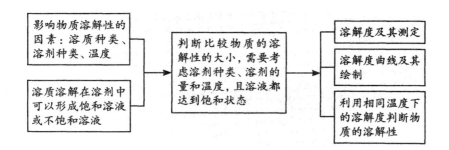

当前不少学校的教师把自学指导提纲和课堂教学的教案、学生的练习(包括实验指导)合三为一,编成学案(或讲学稿)。实际上,自学指导提纲、学生课堂学习活动任务清单(也称"工作纸"或"任务单")、教案三者具有不同的教学功能,使用时间、对象也不同,编写的内容也不会完全相同。把学生的自学提纲、教师的教学设计(教案)和学生的课内外练习整合起来,编写成学案供学生自学使用,能否达到教和学的融合,需要通过实践更多地研究。

[案例7-7]"物质的溶解性"(第1课时)学案举例

[学习目标]

1.理解饱和溶液和不饱和溶液的含义。

2.了解饱和溶液与不饱和溶液相互转化的方法,了解结晶方法。

[学习重点与难点]

饱和溶液的含义、饱和溶液与不饱和溶液相互转化。

[使用说明及学法指导]

1.认真阅读教材内容。

2.将预习中不能解决的问题标记出来,并填写到后面"我的疑惑"处。

[预习案]

1.知识链接

(1)什么是溶液?

(2)物质能否无限制地溶解在一定量的水中?

2.预习自测

(1)在一定温度下,向一定量的溶剂里加入某种溶质,当溶质__时,所得到的溶液叫作这种溶质的饱和溶液;__的溶液,叫作这种溶质的不饱和溶液。

(2)确定某一溶液是否饱和一般有两种方法:观察溶液底部有无固体溶质;溶液底部若无固体溶质,可向该溶液中另加入,若则溶液饱和。

(3)20℃时,某硝酸钾溶液不能继续溶解硝酸钾,该溶液为__溶液;将该溶液温度升高到60℃,则60℃时该硝酸钾溶液是__溶液。(均选填"饱和"或"不饱和")

(4)在一定温度下,使一瓶接近饱和的硝酸钾溶液变为饱和溶液,可采取的方法有:①升高温度,②降低温度,③增加硝酸钾,④增加溶剂,⑤减少溶剂,其中正确的一组是( )。

A.①③④ B.①③⑤ C.②③④ D.②③⑤

(5)下列关于饱和溶液与不饱和溶液的说法中,正确的是( )。

A.饱和溶液是不能再溶解溶质的溶液

B.降低温度一定可以使不饱和溶液变成饱和溶液

C.溶液中有固体溶质未溶解,溶液一定是饱和溶液

D.当溶质晶体与其溶液稳定共存时,此溶液在该温度饱和

3.我的疑惑(请将预习中未能解决的问题和疑惑写下来,准备在课堂上与老师和同学探究解决)

[探究案]

1.自主学习

(1)食盐能否无限制地溶解在一定量的水中呢? 按教材"活动与探究"进行实验。

(2)硝酸钾能否无限制地溶解在一定量的水中呢? 按教材"活动与探究"进行实验。

请结合上述实验,得出判断饱和溶液和不饱和溶液的两个条件:在一定__下,一定量的__中。

2.合作探究、展示点评

(1)上述实验过程中改变温度、改变溶质的质量或溶剂的质量,饱和溶液与不饱和溶液之间是可以相互转化的。因此,只有指明在"一定的温度"和"一定量的溶剂"里,溶液的饱和与不饱和才有确定的意义。饱和溶液与不饱和溶液之间通常有以下转化关系:__。

(2)上述实验过程中,降低温度,溶液由不饱和变为饱和的过程中析出了溶质晶体(有几何形状的固体),这一过程叫作结晶。除了降低温度可以结晶外,你还

知道其他的结晶方法吗?

3.拓展提升

(1)在一定温度下,观察溶液中有没有不能继续溶解的固体溶质存在,如__,且溶质的量__,则该溶液就是饱和溶液。若溶液中没有固体溶质存在,则该溶液__(选填"一定""可能"或"不一定")是饱和溶液。你可以采取什么方法判断?

(2)饱和溶液、不饱和溶液与溶液的"浓""稀"之间的关系如何?

[训练案]

1.当堂检测(略)

2.课后作业(略)

用学案指导学生自学,关于学案如何编写、如何使用,有许多问题需要研究探讨。如果学案内容比教材更多、更繁、要求更高、更难以理解把握,加入许多练习作业,把原先的课后练习变成课前练习,学生在课前或课中依据学案自学,不可能有精力和时间去阅读理解教材、思考发现和提出问题,只能忙于抄书作答,那么自主学习、自学能力的培养和减轻过重学业负担只能是空话。如果教师在课堂上只是讲解学案的内容、讲评学案的练习,教师的协同学习作用、课堂教学转型也只能是空话。

2.自学辅导的设计组织。

如何依据学生的自学情况设计组织辅导工作,是巩固、提升学生自学效果,保证教学目标达成的关键环节。教师对学生自学状况、自学效果、存在疑难和困惑的了解,是设计辅导工作的前提。因此,在学生自学的过程中,普遍的巡视和对有代表性的学生的个别观察、了解,掌握各层次学生的自学效果是非常重要的。自学辅导的设计在课前做了预设准备,在课上需要依据学情调整、补充、修改,不宜机械地按讲学案(学案、教案)组织教学。

自学辅导包括两方面的工作,一是在学生自学阶段的交流、讨论和展示中,教师在聆听学生的发言中,可以适时通过简短的插话、对话,做辅导解疑;二是在留给教师进行答疑、补充讲解、学习小结的时间中的辅导。自学辅导不能只重视重点、难点的讲解和强化,也不能只重视课堂练习的评讲。核心内容的剖析、练习的纠错要帮助学生加深对核心内容的理解,体会学习方法。通过教师精辟的讲解和答疑,帮助学生理解知识的形成过程,获得结构化的知识。

运用"自学—辅导"模式开展课堂教学,可供教师讲解的时间不多。什么该讲、什么不必讲,哪些多讲、哪些少讲,不仅是教学能力的问题,也与教师的教学观念、教学习惯有关。用教师讲代替学生学、不讲不放心、力求讲深讲透,是灌输式教学形成的习惯,不下决心是不容易克服的。此外,还要注意杜绝辅导讲解前松后紧、讲到哪里算哪里的弊病。

第八章　探索基于问题解决的课堂教学设计

　　基于问题解决的课堂教学,是以问题及其解决为主线的教学。课堂教学的设计组织思路是,在教师的策划、指导和支持下,学生积极主动地参与问题的发现、提出与解决,在探索问题解决的过程中获得新知,建构知识。在课堂教学活动中,教师作为学习共同体的一员,和学生共同为问题的解决,开展合作学习,共同探究,让学生在学习活动中解决问题、建构知识。在这样的课堂里,教学活动的设计和组织,以激发学生的求知欲望、发掘学生的学习潜能、开发学生的智力、发展学生的学科核心素养为主旨。通过课堂教学,达成化学课程的学习目标,发展学生的学习能力、发现和解决问题的能力,促进个性化的发展。

第一节　基于问题解决的课堂教学中的师生关系

　　倡导基于问题解决的课堂教学,有利于培养学生的问题意识,关注自然环境和生产生活中的物质和物质变化、与物质的合成和利用有关的问题的习惯;有利于帮助学生应用所学化学知识和方法,分析问题,提出解决问题的见解和设想,学习、创造新的知识,提高学科素养。

　　基于问题解决的课堂教学,学生是学习活动的主体。学生是问题求解者,也是解答者,从求解者到解答者的转换,需要学生积极地开展学习活动。在学习活动中,要有学生的独立学习,也要有合作学习和讨论交流活动,还需要师生间的言语对话和情感交流,需要教师发挥支持和协同学习作用。

　　基于问题的课堂教学策略,充分肯定学生的学习主体地位,也不否定教师在教学中的主体地位。在问题情景设计,激励、支持、指导学生的学习活动上,教师有责任、有主张、有行为、有担当。教师可以在指导学生选择应用解决问题策略、调控合作学习活动、指导问题解决成果的总结和展示等方面发挥协同学习作用。教师在这些方面是主体,不是客体,不是游离于教学活动之外的局外人。教师主体作用的发挥,是基于问题的教学得以正确并成功实施的重要因素。教师作为教学活动整体框架的设计者,心中一定要装着学生,设计的整体框架一定要反映学生的学习意愿和学习要求,并与学生参与学习所具备的条件相适应。否则,学习活动将难以实施。

基于问题的课堂教学,学生和教师在课堂上不是矛盾的对立面,而是学习的共同体。学生与教师通过各自的活动,实现问题的解决,达成学习的目标,并通过教学活动增进情谊。随着一次次课堂教学的开展,师生间彼此了解逐步加深,共同体将愈加巩固,运行愈加流畅,教学效果也会不断得到提高。

第二节　基于问题解决的课堂教学的设计与组织

基于问题解决的教学,以问题的发现(提出)与解决为线索展开课堂教学活动。基于问题的课堂教学有三个要素:创设问题情景,设计并开展探究学习或问题分析、探讨活动,整理展示学习成果。

1. 创设问题情景是基于问题教学的前提

基于问题教学设置的问题,不同于传统教学的设问、提问。前者是启迪、引导学生自主探寻、获取知识的钥匙,体现了教和学的策略。后者属于课堂教学技能的范畴。

问题情景创设是问题教学的前提。问题可以激发学生主动学习的欲望,引导学生通过合作学习活动,探寻解决问题的方法和答案,达成学习目标。基于问题的教学,设置的问题应能统领课堂教学,激发学生求知欲望和探究意识,帮助学生在问题解决过程中了解知识的形成过程,体会获取知识的科学方法。问题还应有利于学生在同伴中开展合作学习,有利于教师和学生学习共同体作用的发挥。所设置的问题除了要具有一般问题情景创设的特征外,还应特别注意:

第一,问题的解决和学习内容的完成、学习目标的达成紧密相连。问题要大处着眼,能激活学生的思维,促进学生高阶思维能力的发展。问题过小、过于琐碎,思考余地不多,不能激发学生的学习热情;问题的答案如果书上明白写着,不用学生思考探索,"问题解决"则只能是徒有形式。

第二,问题起点要高、落点要低,既能为学生提供凭已有经验和知识难以解决,需要进一步学习、思考的学习需求,又能让学生看到通过自己的主动学习、同伴的合作探讨和教师的帮助,问题可以解决。这样才能激发学生主动学习和探索的欲望。

[案例8-1]初中化学"二氧化碳和水的反应"教学的问题设置

"二氧化碳和水的反应"是初中化学中,学生继"氧气的化学性质"学习之后第二次系统学习常见化合物性质的课题。如何在学生具备的化学知识还比较贫乏的情况下,让学生能通过实验观察、思考和分析,认识溶解在水中的二氧化碳能和水反应,并有碳酸生成?

学生在日常生活中大多都知道、接触过或喝过碳酸饮料。溶解了二氧化碳的饮料为什么称为碳酸饮料? 碳酸是怎样的物质,是怎么产生的? 这是一个非常实际也非常贴合教学内容的问题。可以让学生观察、思考下列演示实验,自己找到答案。

在一个烧杯中装入80mL蒸馏水,滴加紫色石蕊试液,混合均匀后分装在5支试管中,在其中4支试管中分别通入或滴加氧气、二氧化碳气体、少量白醋、石灰水,第5支试管留做对比。让学生观察4支试管内液体的颜色并和第5支试管做比较。可以发现,试管①中液体颜色没有变化;试管②和③中液体呈现深浅略有差异的淡红色;试管④中液体颜色呈现淡蓝色。引导学生思考讨论,从实验现象可以得到什么启示。

教师在学生分析讨论的基础上,作归纳总结,帮助学生获得以下认识,建立二氧化碳气体和水反应可以生成碳酸的概念:二氧化碳气体通入含石蕊试液的蒸馏水,和白醋一样能使石蕊试液呈红色。食醋中含有醋酸,二氧化碳气体和蒸馏水作用,也会生成和醋酸类似的物质——碳酸(H_2CO_3).含醋酸或碳酸的水溶液都会使石蕊试液呈红色。而氧气不和水作用,澄清石灰水使石蕊试液呈蓝色,与含醋酸、碳酸的溶液不是一类物质。二氧化碳气体和水作用,生成碳酸,反应可用 $CO_2 + H_2O \rightleftharpoons H_2CO_3$ 表示。

而后,再通过实验帮助学生认识,碳酸(H_2CO_3)不稳定,受热会分解,有二氧化碳气体产生:把试管②置于酒精灯上加热,使溶液沸腾,观察到有气体逸出,溶液红色消失,又呈现石蕊的紫色。

2. 精心设计和组织课堂学习活动是基于问题教学的核心

基于问题的教学,有些问题的解决需要探究学习活动,有些问题的解决需要学生借助自己的经验和已学的知识对问题做分析、探讨,提高基于证据和规律分析、推理、判断解决问题的能力。为了培养学生的合作意识和交流讨论的习惯,提高课堂教学效率,还要重视课堂讨论的组织、引导,开展师生间的对话。

探究学习活动,尤其是低年级学生的探究学习,教师在教学设计上,对关键问题、关键步骤的思考和斟酌,要细致、周密,并留有调整的余地。

[案例 8-2]"牙膏中碳酸钙摩擦剂的定性定量测定"探究学习活动

一位教师为了帮助学生复习"酸、碱、盐性质",设计组织了一节"牙膏中碳酸钙摩擦剂的定性定量测定"的探究学习活动。通过探究学习,复习了酸、碱、盐的性质知识,托盘天平使用,化学方程式计算等基本技能,提高学生综合运用初中化学基础知识分析解决问题的能力。

课一开始,利用一小段介绍牙膏的广告视频,在轻松的学习氛围中提出了学习课题:怎样用学过的化学知识、技能来检验自己日常使用的牙膏中是否含有碳酸钙摩擦剂,如果有的话,含量有多少?

学生实验活动前,教师对实验方案设计提出建议:①考虑用什么方法,依据什么现象来检验牙膏中含有的摩擦剂是碳酸钙还是二氧化硅?②想一想,为了测定一定量牙膏中含有的碳酸钙的质量分数,在无法从牙膏中分离出碳酸钙的情况下,能否通过间接的方法来测定? 通过讨论,学生可以想到利用盐酸和牙膏中的碳酸钙作用放出二氧化碳气体的反应,可以检验碳酸钙;依据质量守恒定律,测定一定量牙膏和足量盐酸作用前后减少的质量,就是生成的二氧化碳气体的质量,再依据碳酸钙和盐酸作用的化学方程式,可以计算样品中所含的碳酸钙的质量。随后,让学生仔细考虑怎么判断加入牙膏样品中的盐酸是否足量,如何简便地测定牙膏和足量盐酸在反应前后的质量变化。针对学生缺乏实验经验、不善于整体计划实验和称量操作不熟练等问题,教师配合图示解释如何称量要使用的盐酸和所用牙膏样品的质量。

在学生进行分组实验和数据处理过程中,教师通过巡视,对有困难的学生做辅导。实验后,让各组比较所得的实验结果,讨论实验结果产生差异的可能原因。

实验结束后,教师和学生一同回顾总结实验原理、实验活动中所运用的化学基础知识,达到复习的目的。

基于问题分析探讨的课堂教学,可以有效帮助学生深化理解所学的基础知识,尤其是化学基本概念、基本原理的知识,帮助学生提高利用基础知识分析问题和解决问题的能力。

3. 激励、引导学生主动参与合作学习活动是问题教学的关键

基于问题的教学,"问题解决"是通过学生的合作学习和教师的协同学习作用实现的。教师在问题情景设计、激励学生参与合作学习活动、指导学生获取解决问题的策略、有效调控合作学习活动等方面要发挥学习的协同作用。在整个学习过程中,教师要热情地激发、期待、尊重学生讨论交流的愿望,创造宽松的对话氛围,提供思考、交流的时空。教师以朋友或共同学习者的角色出现,参与交流、讨论,要聆听、了解,要启发、指导,要解惑、释疑。

4. 有效地调控对话、交流讨论是基于问题教学成功的保证

开展基于问题分析探讨的课堂教学,教师要发挥"教"的主体作用:激励学生主动发现、分析、解决问题的热情,聆听学生的分析和讨论;运用师生对话的方式给学生以启发引导,调控教学进程;在问题分析讨论结束后指导学生进行总结,梳理、归纳知识系统,依据学生存在的问题做针对性的讲解。

整个教学过程中,教师要平等地参与教学对话、讨论交流,注意聆听学生的发言,观察学生的学习表现,及时做出必要的反馈,例如给予肯定、鼓励;指正一些不妥的看法;对探寻的方向提出建议,做引导、暗示和启发。在讨论应用性问题的分析、解答过程中,关注学生揭示解决问题必备的知识和能力,分析解答问题的思路、解答的方法和技巧。当学生在探寻问题答案的过程中陷入困境时,要指引学生改变思考角度或研究方法。当学生对一个问题的看法发生分歧、难分是非时,要运用有说服力的事例和论据,做分析、疏导,帮助学生开阔视野,获取新的知识。

[案例 8-3]"影响电解质水溶液 pH 大小、离子浓度大小因素"的教学问题设计

电解质水溶液 pH 大小、离子浓度大小的分析判断是高中化学教学的一个难点。电解质水溶液的 pH 大小、离子浓度大小的分析、判断和比较,又是工农业生产和生活中经常会遇到的实际问题。在一定温度下,电解质水溶液的 pH 大小,可以根据溶液中氢离子浓度大小做出判断。而电解质水溶液中氢离子浓度大小又受到许多因素的影响,有时还要综合考虑各种影响因素,才能做出正确的判断。

学习如何分析、判断电解质水溶液中氢离子浓度(或 pH)或某种离子浓度大小的课题,可以帮助学生深刻理解溶液浓度、溶液 pH、电解质电离、强弱电解质、电离平衡及其移动、电离平衡常数、电离度、水的电离、盐的水解等重要化学概念和原理

知识,培养学生灵活运用这些概念、原理知识分析说明简单的化学问题的能力,提高逻辑思维能力。

运用基于问题分析探讨的教学方式来设计这一课题的教学,首先要依据该课题核心知识的内在逻辑关系,设计学习的问题群,帮助学生从简到繁、由浅入深地掌握有关知识,通过归纳、整理,形成分析判断问题的基本思路。

在教学中,要依据知识本身的内在逻辑关系、学生的学习状况设计层次递进的问题,通过对话、讨论,引导学生做出分析、判断。例如:

1. 电解质水溶液的 pH 大小和氢离子浓度、氢氧根离子浓度大小存在什么关系?

2. 电解质水溶液中水的电离是客观存在的,判断溶液的 pH 大小,在什么情况下要考虑水的电离? 什么情况下可以不考虑?

3. 通过下列问题,对判断电解质水溶液中氢离子浓度大小要考虑哪些因素进行归纳。

比较 0.1mol/L 的盐酸、醋酸、草酸溶液中氢离子浓度的大小;

比较 0.1mol/L 的硫酸、盐酸、硫酸氢钠、碳酸氢钠溶液中氢离子浓度的大小;

比较 0.1mol/L、0.2mol/L 的盐酸中氢离子浓度的大小;

比较 0.1mol/L、0.2mol/L 的醋酸溶液中氢离子浓度的大小;

比较 0.1mol/L 的氯化钠、醋酸钠、氯化铵溶液中氢离子浓度的大小;

比较 0.1mol/L 的醋酸钠、次氯酸钠溶液中氢氧根离子浓度的大小。

4. 等体积、等物质的量浓度的①$Ba(OH)_2$ 溶液、②NaOH 溶液、③氨水三种溶液,pH 从大到小依次是__,理由是__;用等浓度的盐酸中和,所需盐酸的体积相应是 V_1、V_2、V_3,三者关系是__。

如果试题的三种碱溶液是等体积、等 pH 的,它们的物质的量浓度大小顺序如何? 用等浓度的盐酸中和,所需盐酸的体积关系如何? 为什么?

5. 在 $NaHCO_3$ 溶液中,各离子、分子的浓度存在下列关系。为什么?

(1) $c(H^+) + c(Na^+) = c(HCO_3^-) + 2c(CO_3^{2-}) + c(OH^-)$

(2) $c(HCO_3^-) + c(CO_3^{2-}) + c(H_2CO_3) = c(Na^+)$

(3) $c(H^+) + c(H_2CO_3) = c(CO_3^{2-}) + c(OH^-)$

通过上述各个问题中离子、分子的浓度关系的讨论,可以帮助学生认识:电解质溶液总是呈电中性的,阴、阳离子所带正、负电荷总量一定相等。电解质在溶液中可以发生电离或水解,但组成该电解质的各元素的原子总数不会发生变化,即某一组分的原始浓度应等于它在溶液中各种存在形式的浓度之和。电解质在溶液中可以发生电离或水解,溶液中水分子和电解质得到或失去质子(H^+)的总的物质的量是相等的,实际上它表示电解质溶液中质子的守恒。

学生探寻问题解决的过程中,也可能迷失方向,花时间做无谓的争论,这时需要教师用适当的策略进行调控、引导。在交流和对话过程中,教师要关注学力较弱的学生,在他们探寻问题、学习新知遇到困难和障碍时,可以设计一系列小问题,设置小台阶,通过教学对话,帮助学生理解问题,建构连接已知和未知的桥梁,体会如何整合有用信息和已学知识来解答问题。

[案例8-4]设置小问题、小台阶帮助学生解决问题

一些学生在分析解答下列问题时,由于对问题情景理解有困难,难以解答,可以提出下列问题做铺垫。例如:

要解答的问题:某锂离子电池正极材料有钴酸锂($LiCoO_2$)、导电剂乙炔黑和铝箔等。充电时,该锂离子电池负极发生的反应为$6C+xLi+xe \stackrel{}{=\!=\!=} Li_xC_6$.电池充放电过程中,发生$LiCoO_2$与$Li1-xCoO_2$之间的转化。试写出放电时电池反应的化学方程式。

提出的铺垫、引导的问题:

你理解题目所述的锂离子电池的基本构造吗? 你了解电池的正极、负极材料,电解质是什么吗? 试题中涉及的电极材料化学式C、Li_xC6、$LiCoO_2$与$Li_{1-x}CoO_2$提供了有关电极的什么信息? 试题给出了电池充电时的负极反应,还提示"电池充放电过程中,发生$LiCoC_2$与$Li_{1-x}CoC_2$之间的转化",这两条信息对分析电池充电时电池正极所发生的反应有什么帮助? ……

课堂教学中活动节奏和活动量的控制也是教师在合作学习中应该重视的。教师要有意识地控制教学活动的密度和节奏,给学生自由思考、探索、质疑、想象留下时空。过分追求教学的高密度,学生忙于听、看、记、写、练、答,随时要准备应对教师的调遣,无暇思考、回味,只能囫囵吞枣、生搬硬套。运用问题教学模式,不能把学生探寻的问题都变成教师的提问,更不能在学生一时回答不出时为了赶进度就自问自答。

激励学生参与合作学习的热情,运用适当方式组织有效的教学对话和讨论交流,需要教师课前的精心设计,也要求教师有较强的应变能力,能运用教学策略,发

挥教师的教学智慧,活跃对话、交流的气氛,调控合作学习活动。

第三节　指导学生正确运用逻辑思维方法分析探讨问题

　　化学学习的问题分析和探讨,是基于真实的客观事实,用化学基本观念做指导,运用已有的化学概念、化学原理和经验,用逻辑思维方法对所获得的物质及其变化的事实、信息,做逻辑判断、逻辑推理或逻辑证明,反驳某种论断或论点,解释所研究探讨的物质性质和变化。

　　逻辑思维方法是依据科学事实和经验材料,遵循逻辑思维规律和准则,按照严格的逻辑程式进行思考、判断和推理的思维方法。逻辑思维方法包括比较和分类的方法、分析和综合的方法、归纳和演绎的方法、逻辑推理方法、从具体到抽象和从抽象回到具体的方法等等。逻辑判断、逻辑推理或逻辑证明,反驳某种论断或论点,对研究对象的属性和运动规律做研究,都是逻辑思维方法的运用。

　　[案例8-5]帮助学生掌握解决化学问题的推理方式

　　解决化学问题的推理方式一般有两种:算法推理和概念推理。算法推理是通过执行一系列程序或计算式来解决问题。概念推理则是在深刻理解与所解决问题相关的核心概念的基础上,通过逻辑推理来解决问题。

　　多数学生在运用算法推理时,不是在深刻理解相关的核心概念的基础上,形成一系列具有良好结构的规则和程序,而是机械地记忆一系列程序或计算式来解决问题。他们知其然而不知其所以然,即使解决了问题,也无助于学生对化学概念和相应的解决问题规则与程序的理解,不能帮助学生提高思维能力和思维品质。例如,运用离子方程式解决有关电解质在溶液中反应的问题就是一例。

　　化学变化过程中,物质微观粒子的存在状态,在质和量上发生的变化,可以用化学语言、化学符号或数学模型(通常以计算式或函数图像表示)来表征。因此,可以运用算法推理来推演变化过程和结果,分析和解决问题。离子方程式的书写是以电解质和离子反应的概念、化学反应基本规律为基础,借助化学符号和数学运算形式来表征电解质在溶液中的反应。教材在学生初学阶段,给学生介绍了离子方程式书写的规则和四个步骤,帮助学生运用算法推理方式来解答问题。这些规则和步骤是:1.写出反应的化学方程式。2.把溶于水且完全电离的物质写成离子形式,难溶于水或难电离的物质仍用化学式表示。3.删去化学方程式两边不参加反应的离子。4.检查离子方程式两边各元素的原子数目和离子所带电荷总数是否相等。

　　一些教师用"写、拆、删、查"概括这四个步骤，但是没有注意帮助学生了解规则、步骤是建立在哪些化学核心概念上。步骤1的完成，是以正确认识电解质在溶液中实际发生的化学反应为前提。步骤4要求学生牢固地掌握化学反应遵循的质量守恒定律。这两个步骤是化学方程式书写的基本规则。步骤2、3的完成，需要依据电解质电离和离子反应的概念，判断实际参加反应和生成的物质及其在反应体系中存在的状态(离子、分子或固体)。学生若没有理解这些书写规则和步骤背后的概念原理，机械地记忆、套用离子反应的四个步骤和规则来解答问题，则问题解决过程只是算法的机械操演，没有依据概念进行的逻辑推理，往往会产生许多错误。例如，随意拆、删化学方程式中反应物、生成物的化学式，凭臆断拼凑出错误的"离子方程式"。只有建立在对化学反应、电解质电离和离子反应发生条件等概念深刻理解的基础之上，经过一段时间的学习，才可以熟练地运用概念推理方式，直接写出反应的离子方程式。反之，机械按四个步骤做算法推演，是不可能学好离子反应及离子方程式的书写技能的。

　　许多教学实例都说明，如果学生运用算法推理解决问题，没有真正感知和理解问题情景中的化学事物，不能把化学事物的微观表征和符号表征联系起来，只是孤立地记忆、套用化学语言、化学符号和数学模型来解决问题，就会产生错误和困难。

　　在化学学习和研究中，对新的物质性质及其变化事实和信息进行比较、分析、重组和综合，可以获得新的化学知识；对已知的化学概念、定律和原理进行比较、分析、整理和重组，也能获得新的知识；对科学研究中获得的信息、资料运用逻辑思维方法进行分析，有助于产生新的科学假说，为科技创新提供思路。化学问题的分析、说明，对物质变化的判断或预测，都要运用逻辑思维方法。

　　逻辑思维方法所依据的科学事实和经验材料必须客观、真实，运用的概念和科学判断要统一；对两种矛盾的思维，有明确的选择；论据和论题具有必然联系，合乎逻辑。

　　尊重客观事实，无论是逻辑判断、逻辑推理或逻辑证明，都要言之有据，合乎逻辑，这是最为重要的。无论在形成概念、理解原理的教学过程中，或者是指导学生练习应用化学原理的教学过程中，都必须重视基于证据的推理、判断。解释说明问题，不能仅靠自圆其说的推理来得出结论。只从一些基本概念原理出发进行分析推理,得出的结果大多只是一种可能和推想。而没有证据的支撑,是难以下结论的。在教学中,如果用这种并不可靠的方法去培养学生分析、解决问题的能力,在考试中产生的错误仅是丢分而已,但对学生未来发展的负面影响可能是长远的。

[案例8-6]醋酸的电离平衡常数随着温度升高而增大吗?

一些教师在讲解弱电解质的电离平衡常数与温度的关系时告诉学生,温度升高,弱电解质的电离平衡常数也随之增大。他们认为,弱电解质的电离是吸热过程,吸热反应的平衡常数随温度的升高而增大,因此,弱电解质的电离平衡常数将随温度升高而增大。实际上并非如此,如醋酸的电离平衡常数随温度的升高并不是简单增大的过程(如表8-1所示)。

表8-1　醋酸的电离平衡常数随温度的升高变化

$t/℃$	0	5	10	15	20	25	30	40	50
$K_a×10^{-5}$ $molL^{-1}$	1.657	1.700	1.729	1.745	1.753	1.765	1.750	1.703	1.633

醋酸的电离过程,不能和正反应吸热的可逆反应等同,电离平衡常数也不能等同于可逆反应的平衡常数。醋酸的电离过程,包含氢原子和醋酸根原子团间化学键的断裂、水合离子的形成、水合离子的扩散,这些过程的热效应对电离平衡的综合影响,是比较复杂的问题,对中学阶段的化学学习不做要求。教师如果要作为教学内容,并不是不可以,但推理要符合逻辑。推理运用的概念和所要进行的判断不一致,导致推理结果和事实相背离,这样的例子在中学化学教学中时有发生。

化学新课程教材,在介绍化学原理、阐述化学反应规律时,经常引用客观事实和实验数据做分析论证。教学过程要充分利用这些数据信息,用事实创设问题情景,用数据说话,引导学生对有关数据做分析和比较,"发现"其中蕴含的规律;用这些数据做证据,通过逻辑推理,得到问题的答案,或通过逻辑证明和逻辑判断论证假设,求得问题的解决,以获得新认识、学到新知识。

[案例8-7]用数据说话,揭示范德华力和相对分子质量的关系

新课标高中化学实验教材,为了说明范德华力和相对分子质量的关系,引用了几种稀有气体熔点、沸点、在水中溶解度的变化数据(如表8-2所示)。

表 8-2　水中溶解度的变化数据

	氦（He）	氖（Ne）	氩（Ar）	氪（Kr）	氙（Xe）
熔点/K	0.95	24.48	83.95	116.55	161.15
沸点/K	4.25	27.25	87.45	120.25	166.05
溶解度/mLL^{-1}（H$_2$O, 20℃）	13.8	14.7	37.9	73	110.9

教材引导学生阅读、分析这些数据，揭示五种稀有气体上述物理常数的变化规律，思考其中蕴含的规律。教师可以启发学生，查找这些气体相对分子质量的数据，把五种气体相对分子质量变化的情况和物理常数的变化规律做对照，可以看到两者的相关性。通过逻辑推理，得到规律性的认识：气体分子间作用力（范德华力）的大小和这些气体的熔点、沸点、在水中溶解度，随着它们相对分子质量的增大而升高（增大）。再依据非极性气体单质熔点、沸点、在水中溶解度与其本性的关系，通过推理，获得新的认识：分子晶体中分子间作用力大小随相对分子质量的增大而增大。

第四节　基于问题解决的复习课设计和组织

运用基于问题解决的课堂教学设计和组织化学复习课，是较受师生欢迎的一种教学方式。

传统的化学复习课，以模块、章节为内容线索，靠教师讲、学生听的教学方式进行知识点的系统归纳和复习，再利用大量的课内外习题、试题，进行练习和讲评。教师凭经验和自己的感觉设计组织教学，学生处于被动学习的状态。学习基础好的学生觉得教师的讲解、归纳是"炒冷饭"，不感兴趣；学习基础薄弱的学生则对"压缩饼干"式的讲解难以接受，因此复习实效差。学生的大量练习和密集的习题讲评，与课堂复习内容不匹配，就题论题，学生听得懂、学不会。其结果往往是题目讲了不少，练习做了许多，错误却难以纠正，解题能力难以提高。如果练习量太大、要求不当，学生更易丧失学习信心。

运用基于问题的课堂教学设计和组织单元复习和总复习，可以在一定程度上克服传统复习方式的弊病，提高复习效果。围绕复习目标，可以设置不同类型、不同层次的问题。例如,帮助学生在课前自己复习、重现已学知识技能、发现知识缺漏的复习性问题;用于课内讨论交流,统整学习的核心内容并梳理知识系统,使知识结构化的较高层次的问题;能引导学生深化知识理解,提高灵活运用知识能力的问题;需要同伴讨论、交流或需要与教师对话、在教师启发指导下解决的问题。不同类型、不同层次的问题,可以发挥不同的复习作用,可以启发学生体会如何了解自己的学习状况,调整并改进自己的学习,提高元认知能力。

引导学生在课外自己复习、回顾核心知识的问题应该是基础性问题。用于课堂分析讨论的问题,可以是学生的疑难点,也可以是能激发学生思维积极性,提高学生获取解决问题信息、整合已有知识分析和解决问题能力的问题。总复习的问题,要注重问题情景的设置,围绕问题情景设置的问题要有层次,尽可能涵盖需要复习的内容。

[案例8-8]初中化学总复习"认识含氮化学肥料"的问题设计

帮助初中学生进行化学总复习,可以设置若干个主题,围绕每个主题用一系列问题设置学习情景,通过学生的交流讨论和师生互动,达到复习的目的。例如,可以通过"认识含氮化学肥料"的主题,组织学生复习元素化合物组成、性质、检验和应用的有关问题,提高学生分析、解决问题的能力,提高学科核心素养。

一位同学假期回乡,乡亲们给他提出了不少化学肥料的问题,他的回答让乡亲们称赞不已。你能回答这些问题吗?

(1)在农资供销社有许多种类不同的化肥,例如碳铵、硝酸铵、尿素,它们分别是氮肥、磷肥、钾肥中的哪一种? 它们的主要成分属于哪一种化合物,你依据什么做出判断?

假定它们的有效成分含量都是85%,各种氮肥中含氮量最高的是哪一种? (联系生产实际,让学生运用有关物质组成的知识,从化学名称了解化合物的组成和所属化合物类别;运用有关化学式的计算技能,比较某种元素的含量)

(2)绿色植物的叶绿素能利用光能把水和二氧化碳转化为葡萄糖,进而合成淀粉、纤维素,葡萄糖、淀粉、纤维素都不含氮元素,为什么植物还需要氮肥?

(3)在农村,用什么简单的实验方法可以证明一种化肥是铵态氮肥? (复习用化学实验方法检验铵盐的简单方法,学会依据条件灵活地选择实验方法)

(4)要区别碳铵、硝酸铵、尿素三种化肥,比较简便而且安全的方法是什么? 说明你的理由。(复习碳酸盐的检验方法,学会综合考虑各种因素选择检验物质的

方法,培养理论联系实际的学风)

(5)一家化肥商店的广告上说,他们出售的硝酸铵含量≥98%,氮元素含量高达36%。有人依此投诉该店使用虚假广告,你认为投诉有道理吗?为什么?(运用化学式计算和物质纯度计算方法,获得证据,依据证据做出判断)

(6)村里的化肥仓库里一批用塑料编织袋包装的碳铵肥料,经过一个夏天,有部分袋子里的肥料无故少了许多。经查没有被盗取,也没有发生其他差错,你认为可能原因是什么?用什么实验可以说明你的推断的合理性?

按上述案例设计,利用所创设的问题开展课堂教学、组织学习讨论活动,不仅能达到复习、巩固、提高的目的,还能提高学生思维能力、分析解决问题的能力,培养学生合作学习的习惯。在学生分析回答问题的过程中,教师可以发现学生存在的问题和疑难,做针对性的解难释疑。所设置的问题情景密切联系生产、生活实际,对考查、提高学生的跨学科素养也具有良好作用。

基于问题解决的复习课的课堂教学,不能忽视分析讨论及其成果的整理与小结。提高整理小结的质量,可以大大提升复习的效果。

基于问题分析探讨的课堂教学设计的基本框架可以用图 8-1 表示:

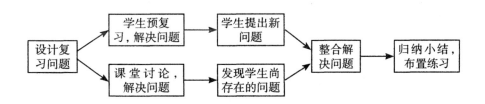

基于问题分析探讨的课堂教学主要的优点是:可以帮助学生深刻理解概念的含义,建构概念体系,理解、掌握化学基本原理;可以帮助学生澄清模糊认和混淆的概念,正确理解和把握所学知识;可以通过典型问题的分析解答,提高运用基本概念和化学反应原理分析、解决简单的化学问题的能力。

[案例 8-9]"原电池反应"复习课的问题分析探讨活动设计

1.设计引导学生课前复习回顾的问题例如:

(1)试利用原电池装置说明原电池反应的特点,分析如下问题:原电池中化学反应在何处发生?外路上的电流是怎么产生的?原电池反应是如何把化学能转化为电能的?原电池电极的极性、外路上的电流(电子流)的方向决定于什么?

电极的极性和两个电极(极区)上发生的反应有什么关系？原电池中两个极区的电解质组成发生了什么变化？怎样描述电极反应、原电池的总反应？

(2)依据下列化学电源的装置图,从电极的极性、电极反应、电池的总反应说明电池的工作原理:普通锌锰干电池、碱性锌锰干电池、以 KOH 溶液做电解质的氢氧燃料电池。

(3)试通过简单计算回答:铅蓄电池工作时,电路上有 96 500 库仑电量通过,电池中硫酸消耗了多少摩尔？了解反应物消耗量和产生的电能间的数量关系。

(4)分析钢铁发生析氢腐蚀、吸氧腐蚀的条件和发生的电极反应。在表面洁净的钢铁片上滴加一滴含酚酞的食盐水,放置一段时间后,可观察到什么现象？试解释发生的现象。镀锌铁皮为什么不易发生电化学腐蚀？

2.设计课堂分析探讨的复习性问题

参照学生自己预复习中遇到的疑难点和提出的问题,设计能帮助学生解难释疑、澄清模糊认识的问题,以及具有比较复杂新情景的联系实际的化学问题,帮助学生加深对概念、原理的理解,提高获取信息并与已学知识重组、整合,分析解答问题的能力。例如:

氢氧燃料电池中的电解质 H_3PO_4 溶液,还有的用熔融碱金属碳酸盐(装置示意图如图 8-2 所示)。

试分析三种氢氧燃料电池的电极反应有什么差异。

高铁酸钾(K_2FeO_4)是一种强氧化剂,可作为水处理剂和高容量电池材料。$FeCl_3$ 与 KClO 在强碱性条件下反应可制取 K_2FeO_4,其反应的离子方程式为__。与 MnO_2—Zn 电池类似, K_2FeO_4—Zn 也可以组成碱性电池,K_2FeO_4 在电池中作为正极材料,其电极反应式为__,该电池总反应的离子方程式为__。

银器表面变黑是生成 Ag_2S 的缘故。在铝质容器中加入食盐溶液,再将变黑的银器浸入该溶液中,一段时间后发现黑色会褪去。试说明处理方法的化学原理,写出反应的化学方程式。

基于问题的课堂教学,运用于单元复习和总复习中,体现了课堂转型的方向——改变复习的着眼点、复习课教与学的方式;以知识复习、问题解答讨论为手段,运用对话交流合作的学习方式,提高学生学习能力和解决问题的能力。

基于问题解决的复习课教学有以下特点:

能鼓励学生主动通过自学和整理归纳进行复习和交流,养成在复习课前做预复习和在课堂上讨论交流的习惯。

提高了学生复习课学习的积极性,提高了思维活动量;鼓励学生在复习课上积极参与问题解决的讨论活动,积极思考,提出解答问题的思路。

发挥了教师鼓励、倡导、协同学习的作用。教师通过观察、聆听,可以及时发现、主动回应学生在课堂学习活动中提出或暴露出的问题,及时调整、改进教学设计,提高复习课的生成性和复习实效。

能调动学生主动地参与复习的积极性,加强了师生间的沟通和交流,提高了复习效果,受到学生的欢迎。

运用基于问题的课堂教学进行单元复习和总复习,有4个难点,需要在教学实践中不断探索:

问题的设计——如何兼顾复习的核心内容和学生的疑难点,如何做好学生课外复习问题和课内讨论讲解问题的分工和配合。

问题讨论的组织——怎样设计才能激发学生思维的积极性,暴露、发现学习中存在的问题,并能达到期望的复习目的。

讨论的归纳、小结——如何做到体现知识的系统性,且能帮助学生澄清模糊认识,加深理解,牢固掌握基础知识。

课后复习巩固的组织——如何设计和调控复习课后的作业布置(包括作业要求和数量)、后续课的预复习要求。

第九章 加强人文精神和科学伦理教育

学科教学要依据立德树人的方针,依据学生发展核心素养、学科核心素养的培养要求,结合学科教学对学生进行人文精神、科学精神和科学伦理教育。

2015年,我国一些教育家共同提出一个中国学生发展核心素养的系统性、总体性框架。中国学生发展核心素养包括9大素养、23个基本要点、70个关键表现。9大素养中,就有学会学习、实践创新、公民道德、人文底蕴、科学精神的素养,这些素养的基本要点和关键表现涵盖了科学精神、人文精神和科学伦理教育的要求。

人文精神的核心就是对人的尊重,以人为本。以人为中心是中华文明的思想内涵之一。学科教学要教育学生自觉地继承中华民族的优秀传统,继承以人为本的思想,把人的培养放在首位,教育学生学会尊重人、关心人、帮助人。

科技伦理是科学技术研究与创新活动中人与社会、人与自然和人与人关系的思想与行为准则。这些思想与行为准则规定了科技工作者及其共同体应该恪守的价值观念、社会责任和行为规范,从观念和道德层面上规范人们从事科技活动的行为准则。任何人在做出价值判断的时候都要受到其所拥有的理论、信念的影响。科技工作者接受了科技伦理,就会自觉地把科技研究及其成果的应用置于伦理的规训范围内,不损害生态环境,不损害人类的生命健康,保障人类的切身利益,促进人类社会的可持续发展。

科学精神不仅仅是从事科学事业的人所不可或缺的,也是学生发展核心素养的重要内容。科学精神包括追求真理和实事求是的精神:有崇尚真知、追求真理的志向,有事不避难、百折不挠的探索精神,有严谨的求知态度,有真理面前人人平等的意识;具有尊重事实和证据的品格,具有实证意识,勇于弘扬理性,能运用科学知识、原理和方法解决问题。

第一节　化学教学要重视科学素养和人文精神的融合

自然科学教育应当坚持人文精神与科学素养的统一。教育不能只重"才"的培养,忽视"人"的培养。

古代,人文科学比较发达,自然科学尚未形成独立的学科体系,比较重视人文和社会科学教育。19世纪以后,自然科学迅速发展,成为人类征服自然、造福大众、推动社会进步的决定性力量,也推动了学科的分化和社会的分工,自然科学与人文科学走向分离。历史发展的事实证明,自然科学的进步在给人类物质生活创造巨大繁荣的同时,也造成了生态破坏、环境污染、资源枯竭等诸多危机。自然科学的发展并不必然地带来人文精神的发展。人们终于意识到人与自然的和谐发展以及人文和科学两种文化融合的重要性。

人文精神与科学素养的统一,是现代人的基本特征。当代社会面临巨大的挑战,要求培养适应时代需要、人文精神与科学素养统一的人才。许多教育家都呼吁教育要让教育者"养成成健全的人格",主张教育应使人得到全面发展,培养德智体美全面发展的人。

由于种种原因,在自然科学教育中,还存在科学素养教育与人文精神教育分离,重科学技术知识传授、轻人文精神教育熏陶的倾向较为严重。

几年来,屡有这样的事件发生:学化学的高才生、从事化学研究工作的精英,利用自己掌握的化学知识以及能获取到危险化学品的便利条件,危害自己的同窗、亲人,犯下了不可饶恕的罪行。面对这些可悲的事件,作为化学教师,我们该想些什么?我们教学生学化学、用化学,如果忽视对学生的人文精神教育和科技伦理教育,培养出的"精英",将成为怎样的人?

[案例9-1]几起利用化学知识犯罪的案例给我们的启示

1. 2002年1月和2月,北京某知名大学四年级大学生刘某某,为了看动物被烧碱、硫酸腐蚀的反应,竟然两次去动物园,先后把事先准备好的饮料兑上从实验室偷出的烧碱、从商店买来的硫酸,假装投喂食物,将这些含剧烈腐蚀性化学品的饮料泼向正在戏耍的黑熊。他看到黑熊被烧得嗷嗷乱叫,满地打滚,却觉得十分满足。

2. 据媒体报道,近年来,我国发生了多起学化学、研究化学的人利用铊盐投毒的事件。2013 年,类似的事件又出现在我国留美的化学研究人员身上。

铊和铊盐是剧毒品,被认为是仅次于氰化物的剧毒物品。一般认为,铊对成人最小致死量约为 12mg/kg, 5~7.5mg/kg 的剂量即可引起儿童死亡。这些化合物无色、无味,一般人不易取得。因此铊中毒一般很罕见。

1994 年 12 月,清华大学多才多艺的 1992 级化学系女生朱令,身体突然出现严重不适,多次就诊却查不出病因。4 个月以后,几经周折,才确诊朱令的病是"铊中毒"。治疗一个月后,中毒症状消失了,可是因为延误了治疗时间,朱令的大脑神经、视觉神经和四肢神经被破坏,留下了严重的后遗症,生活无法自理,几乎成了植物人。朱令体内铊超标一千多倍,自己又没有接触铊盐的可能,答案只有一个,就是被人下毒。可是,多年来真相仍未查明。

1997 年,北京大学化学系 1994 级的两位男生被人投毒。两人送往医院后,立刻使用普鲁士蓝治疗,得以很快痊愈。投毒人竟是他们的同学王某。王某曾是全国化学冬令营竞赛二等奖获得者,被保送到北大化学系读书。王某还是其中一位被投毒者的好朋友。由于一些原因两人产生矛盾,王某出于泄愤,决定投毒。他利用学习的机会,查阅人铊中毒的主要反应和致死量,并先后四次从实验室中取出铊盐,在另一位同学的水杯、奶粉中投毒,实验铊盐的毒性,之后给他的好朋友投毒。在朋友中毒症状发生后,他感到害怕,陪朋友到医院,告诉医生要用的治疗药物,被迫承认了投毒的事实。

2004 年 1 月,遵义一名女化学教师陶某,因为婚外情的变故,在网上购买了硫酸铊,先后两次对她的情人及情人的妻子投毒。

2007 年,中国矿业大学学生常某某因为同学间的小矛盾,为了报复,以非法手段从外地获得剧毒物质硝酸铊,用注射器分别注入同学茶杯中,导致三人中毒。

据美国媒体 2013 年 7 月报道,新泽西州 40 岁的旅美华裔女化学家李天乐(音译)被控用重金属铊毒杀了丈夫王晓业(音译)。他们都是高考状元,分别毕业于我国北京两所知名大学,后赴美留学并定居下来。调查人员发现,2010 年 12 月至 2011 年 1 月,身为必治妥施贵宝制药公司研究员的李天乐先后数次向公司申请领取铊,且数量一次比一次大。

这些事件一次又一次提醒我们,教化学的同时更要帮助学生确立正确的人生观和价值观。

人文精神教育,就是要教育、引导学生树立正确的世界观、人生观、价值观,自觉把社会主义核心价值观作为思想和行动的基本准则,身体力行并将其推广到全社会。

人文精神教育,还包括帮助学生形成人对自然、人对社会、人对他人、人对自己的基本态度。例如:

具有正确的自然观。人类从畏惧自然,逐步走向改造自然,并一步步试图征服自然,到当今才认识到人与自然要和谐发展,要重视可持续发展。

形成人对社会的基本态度,形成正确的人生观和价值观。马克思指出,个人的物质需要和精神需要是个人赖以生存和健康发展的基础;一个人的价值在于他的行为或实践活动所创造的精神财富和物质财富能满足他人或社会的物质和精神需要。

形成对他人的基本态度,正确认识和处理好竞争与合作的关系。知道竞争应当是公平基础上的竞争,竞争的同时更要提倡合作。

能正确地认识自己和控制自己。有自知之明,勤奋好学,谦虚谨慎,廉洁奉公,善于用社会公德约束、控制自己。

重视人文精神教育,要提倡人文精神与科学精神的融合,提倡人文学科与社会科学、自然科学之间相互渗透。自然科学要有人文的精神,在自然科学的学科教学中,要关注学生的健康成长,为他们的人生开拓发展的空间。北京大学中文系资深教授、北大人文学部主任袁行霈教授在北京大学2015年开学典礼上的演讲中说:"试想,如果我们的心灵中没有诗意,我们的记忆中没有历史,我们的思考中没有哲理,我们的生活将成为什么样子?试想,如果我们的医生心目中只有细菌和病毒,而没有病人;如果我们的建筑师心目中只有水泥和钢材,而没有居民;如果我们的经济学家心目中只有GDP,而忽略了民生;如果我们的物理学家和化学家心目中只有分子、原子、电子,而没有想到如何把自己的发明用来造福人类,那么,学术意义何在呢?国家的强盛与否,将来不仅要看经济实力、国防实力,也要看国民的精神世界丰富与和谐的程度,也就是活得充实不充实,愉快不愉快,自在不自在,和谐不和谐,美不美。"

第二节　重视在化学教学中渗透科技伦理教育

科学技术是第一生产力。今天的人们,从衣食住行到生老病死,已经完全离不开科学技术了。人们感到了科学改造世界的力量,也充分享受到了近代科学成果带来的福祉。也因此,人类从来没有像今天这样给予科学发明、科技发展如此高度的评价和信任,有这么强烈的依赖。甚至有人片面地把科学发展完全等同于社会的进步。事实上,人类在享受科学创造的福祉的同时,也在遭遇来自科学的远虑与近忧;科学发明、科技发展的潜在成果既有可能造福人类,也有可能摧毁人类的生存与社会秩序。在化学教学中,应该密切结合教学内容,帮助学生全面地认识科学技术发展与应用的两面性。

[案例9-2]帮助学生从化学品使用的历史进程中吸取教训,认识科学技术的两面性

DDT、氟利昂、四乙基铅等化学品,人造黄油等经化学加工得到的食品,是中学化学教材在讲授卤素化合物、有机化学基础知识中介绍的物质。在教学中引用人类利用这些物质的历史教训,能帮助学生认识化学品的两面性,形成正确运用化学品的意识。

高效的有机氯杀虫剂DDT曾在一段时间里作为对人体无害的超强效杀虫剂广泛使用。人们用它消灭蚊虫和虱子,遏制一些传染性疾病的蔓延。1944年在尼泊尔有100万患者使用了这一药物,止住了斑疹伤寒的流行。人们还利用它消灭农田害虫,获得农业的大幅度增产。据统计,全世界大约有500万人因此免于饿死。这些成就,令它的发明者——瑞士化学家穆勒获得了1948年诺贝尔生理学或医学奖。但是,几十年后人们发现,使用DDT引发了生态危机。因为DDT不加区分地杀死了所有种类的昆虫,也使以虫为食的一些鸟类逐渐绝迹。例如作为美国象征的白头雕曾因此而濒临灭绝。DDT进入食物链,积蓄在植物和动物组织里,进入动物的细胞里,能破坏或改变决定未来形态的遗传物质DNA.由于自然选择,DDT很难杀灭害虫的种群,部分未被杀死的害虫及其后代,耐受性越来越强,以至于不得不发明更具毒性的药物来对付它们。这些事实,使得许多国家在20世纪70年代开始禁止使用DDT.瑞典卡罗林斯卡医学院的诺奖评委会也于1997年公开表示,为将诺贝尔奖授予DDT的发明者而感到羞耻。

又如,美国化学家小托马斯米奇利发明的能用作冰箱制冷剂的氟利昂,曾被认为性能优良、安全无毒,因而得到广泛的应用。到了50年后的今天,科学研究发现它会引发温室效应、破坏地球臭氧层。

又如,科学研究发现在汽油中添加少量的四乙基铅可以大大提高汽油的辛烷值和抗爆性能。四乙基铅是剧烈的神经毒物,易侵害人的中枢神经系统,造成慢性中毒,引起神经衰弱综合征和神经功能紊乱,在研发过程中曾导致大量研究人员患病甚至死亡。动物试验还表明它可能引发癌症。但是,在很长一段时间里,由于它有高效率的防震性,成本低,仍然得到广泛的应用。含铅汽油燃烧释放出的铅,随废气排入大气中,人体吸入后会使血铅含量增高。铅在体内积累造成铅中毒,会危及肾脏和神经。因此,许多先国家都禁用含铅汽油。

再如,近一个半世纪之前,利用植物油制造的人造黄油(又称植物奶油、植物奶精、植脂末、起酥油等)被发明出来。人造黄油价格低廉、容易定型、容易起酥、保存时间长,人们认为它比动物油脂更加有益健康。人造黄油的发明消除了天然黄油短缺的困境,因此,发明者获得了法国皇帝拿破仑三世特别颁发的勋章。后来人们才发现这种人造黄油会对人体造成多种危害,会显著增加人体罹患心血管疾病的危险。世界各国纷纷要求使用人造黄油的食品包装上必须作明确标示。2015年,美国食品与药品监督管理局(FDA)取消了人造反式脂肪"普遍认为安全"的论定,并为食品生产企业划定了3年过渡期,规定此后在食品加工过程中使用人造反式脂肪,必须事先经过FDA的批准。

许多类似的事例说明,要全面认识化学化工技术发现、发明和使用的功过是非,往往需要很长的时间。实践是验真理的唯一标准,人的认识与实践检验密不可分、相伴而行。然而实践本身是历史的、相对的。认识的片面性常常源于实践的局限性。真理不可能从一次认识过程中获得,检验也不可能在一次实践过程中完成。认识必然要在新的实践中逐步向前发展。我们无法做到事事先知先觉,但是,我们应该知道,人类在地球上不能因为无知而任意妄为。

如何让科学发展的道路始终朝着保证社会可持续发展的方向?这是今天人们亟须解决的问题,也是人才培养亟待加强的问题。许多专家指出,教育必须加强科技伦理的研究和教育。科技伦理是科技界最有效的规训机制,它是使科技发明使用有序、健康发展、不陷入异化怪圈、不危害社会可持续发展的道德约束。科学技术的学习、研究,不仅要知道科学技术能做什么,应该怎么做,更应该知道科学技术不能做什么。

化学教学中要渗透科技伦理教育,让学生明白化学科学的研究成果及其应用应当增进全人类的幸福,有利于生态环境的保护和社会的可持续发展,不能允许利用科学技术成果危害人类,破坏人类赖以生存繁衍的环境,危及社会的可持续发展。

[案例9-3]用哈伯的功与过,帮助学生认识科学研究和研究成果的应用要自觉符合人文精神,遵循科技伦理规范哈伯(Fritz Haber, 1868—1934)一生致力于化学平衡及气体反应等方面的研究。1905年他开始研究氨的合成,经历多次失败,终于于1909年在卡尔斯鲁厄任教期间成功完成了氨合成法的研究。他使用过渡金属锇为催化剂,使未反应的气体原料循环利用,首次取得具有工业化价值的合成氨方法。

在化工生产中用空气中的氮气跟氢气反应直接合成氨,是非常困难的。无数科学家从18世纪中叶就开始这一努力,历经一个半世纪,都没有成功。哈伯经历了近十年的理论研究和生产工艺探索,于1914年建成一座日产30吨合成氨的工厂。哈伯的合成氨工艺发明造福了人类,合成氨工艺的发明使大气中的氮变成生产氮肥的廉价来源,使农业生产对土壤的依赖程度得以减弱,是化工生产实现高温、高压、催化反应的一个里程碑。1918年哈伯因此获得诺贝尔化学奖。哈伯之所以能获得合成氨研究的成就,不仅仅是因为他的天赋、勤奋和坚持不懈的努力,更重要的是当时有社会生产的迫切需求,有许多前辈科学家在氨的合成研究中积累了许多经验和教训,同时还有德国化学工程专家波施(Carl Bosch, 1874—1940)在合成氨实验成果付诸生产过程中做出的巨大贡献。

但是,合成氨的成功发明也给平民百姓带来了灾难、战争和死亡。当时,德国为发展工业生产和军工,需要大量硝酸和炸药,合成氨解决了硝酸和炸药的生产原料问题,为德国节省了巨额经费支出,使德国的粮食和炸药供应有了保证,促成了德皇威廉二世征服欧洲进行世界大战的决心,也因此延长了第一次世界大战的时间。哈伯也因此受到当时德国统治者的青睐,他数次被德皇威廉二世召见,并被委以重任。43岁时,哈伯担任了威廉皇家物理化学和电化学研究所所长兼柏林大学教授。

合成氨被用于制造炸药,带来了战争、灾难和死亡,这也许是哈伯开始所料想不到的。但是,哈伯还是一个狂热的民族主义者,他利用科学积极参与核心武器的研制,兼任了化学兵工厂厂长,到前线指挥释放毒气,犯下了不可救免的罪行。1914 年 9 月,哈伯向德军参谋本部提出了一条灭绝人性的建议:用他研制的化学武器打开缺口。德军在哈伯的指导下很快建立了世界上第一支毒气部队。1915 年 4 月,哈伯亲临前线指挥毒气弹的施放。大量的氯气从钢瓶里飘向联军阵地,使联军 1.5 万人中毒,其中 5000 人死亡。这是人类历史上首次将化学毒气用于战争。哈伯因此受到德皇嘉奖,也遭到各国科学家的强烈谴责。但哈伯被所谓"爱国主义""民族主义"所蛊惑,仍继续为德国统治者效力。1915 年 12 月,哈伯指挥他的毒气部队对伊普尔地区的英军施放毒剂,造成英军 1000 余人中毒;1917 年,他又指导德军对英军进行首次芥子气攻击,10 天内使英军 1.4 万人中毒。此后,西方各国竞相研制、使用化学武器。哈伯则成为制造化学武器的鼻祖,也成了人类的罪人。化学武器在第一次世界大战中共造成近 130 万人伤亡,占大战伤亡总人数的 4.6%,在人类历史上留下了极不光彩的一页。哈伯夫人竭力反对、劝阻哈伯研制新毒气(芥子气)无果后,于 1915 年自杀身亡,但这仍然没能唤醒哈伯的良知。

1918 年 12 月,瑞典科学院宣布把那一年的诺贝尔化学奖授予哈伯。此时距离第一次世界大战结束仅一个月,哈伯则刚被战胜国列入战犯名单。哈伯为德国的统治者发动的战争效劳,给无数人民带来了死亡和灾难,但并没有得到德国统治者的善待。1933 年纳粹上台后,他因犹太血统被免去威廉皇家物理化学和电化学研究所所长职务,被称为"犹太人哈伯"列入驱逐之列,研究所也随之解体。哈伯只得以访问学者身份流亡英国,在剑桥大学卡文迪许实验室工作数月后去罗马,途中逝世。

哈伯的所作所为,让他成为双面人,既是"奠定现代氮肥工业基础"的科学天使,又是开"毒气战"先河的战争魔鬼。善良的人们记住了哈伯的贡献,也没有原谅他的罪行。

从哈伯的功与过,应该帮助学生认识到,一项重大的科技发明历来就是一把锋利的双刃剑,在给人类带来福祉和实惠的同时,也可能带来不幸和灾难。一个科学家,也许无法预知或控制他的发明是否会被用于残害人民,或破坏生态环境。但他决不应当用自己的发明、发现,为牟取个人私利、为统治者的暴行献媚和提供支持。哈伯的功和过、哈伯个人的荣辱,充分证明了这个科学伦理的基本原则。

第三节　把握科技伦理教育的基本要求

科技伦理教育,要帮助学生认识科技伦理的目标和基本原则。

科技伦理通过有效的规范,保证研究的所有环节都处于伦理的规训空间内,使研究的整个链条都指向追求善的目的。任何人在做价值判断的时候都受到其内在所拥有的理论与信念的影响。科技伦理正是通过认知性和规范性的教育来影响人的行为。伦理教育要潜移默化,使之成为习惯。而只有通过教育让受教育者把科技发明和应用的规则内化,才会成为研究者的习惯。

科技伦理教育旨在帮助人们认识科学发明、科技创造必须是动机善良的,发明和应用的结果应当是有益于人类和生态环境的;绝不能功利主义地看待科学发明和应用,单纯从综合收益最大化来考虑问题。不论是基于科技前沿发明和应用,还是基于普通知识的应用,如果没有科技伦理的规范,造成的罪恶都会殃及每个人。

科技伦理教育,要帮助学生认识制定科技伦理规范是为了保证科学研究与应用的正确方向,并非是为科学研究设置障碍或套上紧箍咒;要引导学生养成自觉地遵循科技伦理规范的意识与习惯。人的认知都具有时代局限性,我们没有办法预先把所有的不确定性消除。很难要求一个科学家在发明一项新的科学技术之前就严密、周全地考虑它会不会被用于危害人类和自然。这就意味着科技成果的应用可能会出现我们没有预料到的情况,会带来负面的影响甚至是严重的后果。因此,必须设置一些高于当下实践要求的伦理规范,以最大限度地消除未来的不确定性所带来的危害。由于科技伦理规范是来自于过去经验的总结与提升,还会随着社会的进步、科学的发展而不断改进、完善或变更,不会阻碍科学的发展。

科技伦理教育,要帮助学生认识到,保证科技成果对人类社会发展和进步发挥正面作用,需要整个社会、所有公民的努力。面向社会上的每个公民进行科技伦理的教育,目的就在于让社会上的每个公民都能理解确保科技发明、创造用于正道而制定的法规的必要性和重要性。要运用科技伦理规范,同时也要有一定的制度、政策、法规来制约掌握科学技术的社会精英滥用、乱用科技发明和发现。有效的科技伦理教育和制度法规,既要从道德层面对使用者进行教育和制约,更需要动用各种力量来监管、检测,甚至动用国家机器来惩处违背科技使用规则的违法者,使所有公民对相关制度、法规有敬畏之心,能自觉地遵守和执行。

[案例9-4]结合教学内容,揭露和批判利用化学品危害人类、破坏环境的罪恶行为在现实中,总有一些人为了个人私利,把科技发现和发明用于牟取暴利或其他非正当的目的。例如,哈伯在一战期间帮助德国统治者使用氯气作为化学武器。越战时期,美军为了让隐蔽于茂密丛林中的对手无处躲藏,利用高效除草剂"橙剂"作为落叶剂,向越南丛林大量喷洒"橙剂",使包括美国军人在内的数十万人遭受"橙剂"中剧毒物质的痛苦折磨,还导致许多受害者的遗传基因突变,使大量婴儿早夭或先天畸形。

又如,在"毒奶粉"事件中,我国三鹿集团生产销售含有三聚氰胺混合物的奶粉,导致许多婴幼儿泌尿系统产生结石,严重危害了婴幼儿的健康。该事件也重创了国产食品的信誉。最终,这些违法犯罪分子都受到法律的制裁。

三聚氰胺[化学式$C_3N_3(NH_2)_3$,俗称密胺、蛋白精]是一种用于塑料及涂料等工业的化工原料,三聚氰胺的发明及利用,原是为了发展化工生产,造福人类。该产品明确规定"对身体有害,不可用于食品加工或食品添加物"。但是,一些违法分子利用其含氮量高,把它掺入牛奶或奶粉中,以提高奶品的含氮量,欺骗使用者,并牟取暴利。结合教学内容,揭露和批判某些人为自身利益,有意利用有毒有害化学品来伤害他人、危害生态环境的罪恶行为,对学生进行科学伦理教育,也是化学教育所不可忽视的。也应让学生认识到,严格判定化学品生产和使用的法规和制度,严格监管,加强对国民的科技伦理教育,才能使科学技术的发明应用真正为人类造福。

对学生的科技伦理教育,要说理,也要实践,帮助学生能自觉遵循科技伦理,也能用科技伦理及相关的法规制度,分析、评判社会上的人和事,学会辨别和揭露化学品使用中违反科技伦理规范的行为,维护科技伦理和相关的法规制度。

科技伦理教育,要帮助学生了解化学品的安全使用知识和规则,使自己能更健康地生活、更安全地工作。随着化学研究成果在社会生产、生活中的应用日益广泛,人们越来越多地接触、使用各种化学品。可以结合教学内容,选择利用社会热点问题和事件创设学习情景,帮助学生运用化学知识和技能,关注社会上有关化学品安全使用的问题,进一步了解化学品的安全使用,提高科技伦理意识。

[案例9-5]加强食品添加剂的安全使用教育

随着人们对食品色香味和营养价值要求的提高,愈来愈多的食品添加剂被用于食品加工,以提高食品的营养价值和口味,或使食品更便于贮存和运输。在20

世纪80年代,我国允许使用的食品添加剂只有几十种,80年代末达到600多种,目前已发展到21大类,1500多种。

食品添加剂是从动植物中提取的天然物质或化学合成的物质。随着食品毒理学的发展,一些曾被认为无害的食品添加剂,已被发现存在慢性毒性或致癌、致畸作用。有些添加剂与一些化学物质或食品中的正常成分可发生作用,形成致癌物。食品添加剂的使用原则是不滥用、不超量,必须符合质量标准;提倡采用天然制品,特别是在婴幼儿食品中不允许加入人工合成甜味剂、色素、香精等。

结合教学,联系日常生活中食品添加剂安全使用事例,介绍某些化学品的性质和正确应用,对提高未来公民的化学科学素养是非常重要的。

例如,有机化学中介绍甲醛及其水溶液(福尔马林)具有防腐作用,在医学上可用于人的尸体和动植物标本的防腐固定。在日常生活中,一些没有多少化学知识的不法商贩,会使用甲醛溶液浸泡海参、鲜贝、鲍鱼、虾仁等水产品,利用甲醛的防腐作用延长保质期。还有一些商贩在鸭血中加入甲醛定型,在面制品、粉丝等产品中添加"吊白块"(甲醛次硫酸氢钠,是一种工业漂白剂,遇热分解产生甲醛和二氧化硫),以次充好。在甲醛和二氧化硫性质作用的教学中,要帮助学生认识,它们都是工业用化学品,对人体有毒害作用,长期食用用甲醛浸泡的海鲜有害人体健康。

第四节　　用优秀化学家的品格给学生以
人文精神和科学精神的熏陶

在化学教学中,教师要善于挖掘学科中有利于学生人文精神塑造与培养的因素,用人类优秀的文化遗产陶冶、教育学生,促进自然科学与人文科学的融合、渗透,塑造学生的人文精神和科学精神。

在化学发展的历史进程中,涌现出许多优秀的化学家。他们为了科学事业的发展、为了国家和民族的利益,在化学研究与化学科技的发展、创新上孜孜不倦地探索,做出了重大贡献。在化学教学中应该让学生了解化学家的光辉成就和高尚精神,让学生受到优秀化学家们雄浑博大的崇高气质的感染,得到教诲和启发,获得人文精神的陶冶。

[案例9-6]用"稀土之父"徐光宪的榜样教育学生

　　在有关"物质结构"和"稀土元素"的教学中,教师都会介绍我国化学家徐光宪先生。徐光宪是北京大学化学系教授,中国科学院院士。多数教师向学生讲述徐光宪先生的事迹,都强调他在物质结构和稀土元素分离中的成就,介绍他率先编写了高等学校《物质结构》教科书,是中国的"稀土之父",但很少介绍他的崇高气质、卓越品格和科学精神。其实,优秀科学家对青少年的教育、影响并不仅仅在于他们科学研究上的成就,更在于他们在科学研究工作中表现的崇高气质、卓越品格和科学精神。

　　仅从徐光宪先生研究稀土的一些事迹,就可以说明他为什么会受到人们的敬仰,为什么会在科学技术研究和创新中做出卓越的贡献。

　　自从1951年回国以来,搞量子化学出身的徐光宪,三次为了国家的需要改变研究方向:转向配位化学,再到放射化学,直到最后的稀土化学。

　　1972年,52岁的徐光宪为了国家急需的重要战略资源,被称为"工业维生素"的稀土元素化合物的生产,第三次因为国家需要而改变自己的研究方向,"半路出家",接受了一项紧急军工任务——分离稀土元素中性质最为相近的镨和钕,而且分离的纯度要求很高。我国有着世界上最大的稀土资源储备量,但由于稀土分离工艺、生产技术一直被国外少数厂商垄断,成为高度机密,直到20世纪70年代,还只能向国外廉价出口稀土原料,然后高价进口高纯度稀土产品。

　　徐光宪知道,镨和钕两种元素比孪生兄弟还要像,分离难度极大。但是他说,世界最大的稀土资源国,却只能进口高纯度稀土产品,我们再不能受制于人了,再难也要上。

　　在广泛了解国外资料后他发现,国外学界也尚未很好解决分离镨和钕的问题。最先进的法国罗地亚厂,能够用萃取法分离其他稀土,可是分离镨、钕仍要用传统的生产速度慢、成本高的离子交换法。在无先例可循的情况下,徐光宪决定立足于基础研究,着眼于国家目标,不跟外国人跑,走自己的创新之路,挑战萃取法分离的国际难题。

　　萃取技术要达到极高的纯度要求,必须要经过上百次的萃取分离,将每次分离的成果串联起来,才能达到99%以上的纯度。这是极为烦琐的串级萃取工艺过程。如何把串级萃取理论真正应用于大规模工业生产,是一个大难题。

　　在繁复而漫长的稀土萃取工艺实验阶段,不仅要解决种种技术难题,还须面对我国的稀土分布很广、各地的原料组成不同的困难。为从理论研究入手开辟创新之路,徐光宪和他的助手们白天做烦琐的串级萃取工艺"体力劳动",晚上做理论研究"脑力劳动"。一周工作80个小时,没有节假日。功夫不负有心人,他们终于从串级萃取工艺实验中提取数据,建立了包含100多个公式的数学模型,创建了"稀土萃取分离工艺一步放大"技术,发现了"恒定混合萃取比规律",建立串级萃取理论,使原本繁难的稀土生产工艺"傻瓜化",能直接应用到实际生产中。1978年,徐光宪的科研成果在国有工厂里无偿推广。从此,法国、美国和日本在国际稀土市场的垄断地位被打破,我国实现了由稀土资源大国向稀土生产大国、出口大国的飞跃,成功改写了国际稀土产业的格局,形成了"China Impact"(中国冲击)。直到今天,他的研究成果依然是我国稀土工业的基础,保持着世界领先地位。

在化学研究发展的历史上,还有许许多多为化学科学的发展做出伟大贡献的化学家。他们淡泊名利、献身于科学的无私奉献精神,锲而不舍、甚至不惜牺牲自己的健康也要攻克科学难关的毅力,是宝贵的精神财富。在中学化学教材中介绍了几位举世闻名的科学家,实际上还有其他许多优秀的科学家,他们光辉而悲壮的科学研究历程,值得教师结合化学教学做介绍,用他们的科学精神和高贵品质教育、影响学生。

例如,在化学元素的发现史上有许多感人的故事,其中氟元素的发现是化学元素发现史上,参加人数最多、危险最大、工作最难的研究课题。1768年德国化学家马格拉夫(A. S. Marggraf, 1709—1782)发现氢氟酸,1886年法国化学家莫瓦桑(H. Moissan, 1852—1907)制得单质氟,期间历时118年之久。为此,不少化学家在实验中损害了健康,甚至献出了生命,谱写了一段极其悲壮的化学元素史。结合元素化合物发现史实的介绍,可以让学生了解到化学发现和化学科学发展的艰难历程,感受到科学家为科学事业前仆后继、锲而不舍的执着精神。

第十章　教学管理要为课堂转型护航

推进课堂教学的转型,需要学校的教育教学管理的有力支持。学校要'通过教育活动和教学管理,唤醒学生的课堂权利意识,激发学生主动学习的情感需求。学校也要通过教科研活动和教学管理,提醒教师尊重学生的课堂权利,关注学生的生活世界和独特需要,关注学生发展的需求。同时,学校也要尊重教师的教学自主权和创造性。

第一节　教育教学管理不能漠视学生的权利

"学生权利"是学生在教育情景中所享有的权利。中学生是青少年,是学习者。他应该享有人的权利、未成年人的权利和学习者的权利。

康德说,"要把人当作目的,决不只当作工具。"若把一个人看成工具,就否定了这个人的内在价值,否定了人存在的自身生命意义。学生不应当成为应试机器,成为为学校争取应试桂冠的工具。西方教育家主张从儿童天性和特性来思考教育。青少年的教育不能无视、甚至伤害儿童的天性和特性。

1959 年 11 月,联合国通过了第二份《儿童权利宣言》。《宣言》提出"人类应将其最宝贵的赋予儿童",并用十项基本原则指导儿童福利政策和行为,明确了各国儿童应当享有的各项基本权利。1978 年,联大决定制定一份具有法律效力的《儿童权利公约》。1989 年,《儿童权利公约》起草工作完成,11 月在第 44 届联合国大会上《儿童权利公约》获得一致通过。1990 年 8 月,中国常驻联合国大使代表中华人民共和国政府签署了《儿童权利公约》,并于 1992 年 3 月向联合国递交了中国的批准书。国家教委于 1995 年 7 月和 1996 年 4 月两次在北京召开履行《公约》研讨会。以儿童利益为重;尊重儿童尊严;尊重儿童的观点与意愿;无歧视、平等对待儿童的原则得到普遍的重视。

学校教育担负着社会文化传承的职责。作为知识学习者,学生接受教育,获得发展,学习前人创造的一切优秀文化,了解现代文明,从中吸取养分,这是学生应该享有的权利,也是接受教育的义务。在我国,无论教师、学生、家长,大都把青少年接受基础教育看作是他们的义务。实际上,接受义务教育是他们的权利。学生进入学校,作为学习者,还应该享有学习者应有的种种权利。这更是学校、教师,甚至学生和家长认识的盲区。

对学生权利的尊重是教育的基本准则。教育必须认真地对待学生,不能压制、伤害学生的自尊,不能损害学生的身心健康。教育观念、教育方式、学校的教学管理,要创造激发、支持、鼓励学生求知、向上的学习环境,维护和保障学生的人格和尊严受到尊重的权利,以及受教育的权利。

学生在学校里和学校领导、教师等在人格上是平等的。学校有规章制度,有教学纪律和教学秩序,这些规章制度、纪律、秩序不能剥夺、侵害学生受教育的权利。学生应该对学校的学习生活、管理制度享有发言权,有提出修改或建议的权利,对选修课程的修习有选择权,国家规定的结业和升学考试科目、时间的选择权要得到保障。学生在课堂上的发言、质疑和对学习价值的希望和期待的权利要得到尊重。学生应该有权参与课堂教学的评价,对课堂教学活动的设计、实施提出意见和建议。最重要的是要让学生体验到教师对他们人格的尊重,对他们主动学习和参与教学活动的期望,看到教师是欢迎他们对教学提出建议和意见的。

尊重学生的人格,尊重学生的权利,不是对一些违反学生守则或学校规章制度的行为要放任、忍让。管理和尊重并不矛盾。社会意识和观念的多元化,部分学生家庭教育的缺失,使一些学生缺乏必要的对学习生活管理的自觉和对教师的尊重。这也让一些学校和教师觉得,学生的自我意识已经太强,个性太张扬,如果再强调学生的权利,会导致学校和课堂的混乱。只有纠正了这些片面认识,才能真正在校园里、在课堂上形成注重学生权利的意识和氛围,为课堂转型创造良好的校园文化环境。

在我国传统教育观念里,好学校就是能把孩子培养成听教师话、考试得高分的好学生。不少学校为了提高学生的升学考试成绩,得到上级教育行政领导的好评、赢得社会的认可,教育教学的管理目标实际上是让学生遵从学校的安排,听从教师的教导,为升学考试得高分,为把竞争对手甩下而奋力拼搏。由于漠视学生的权利和个性发展,最终把学生培养成驯服的读书、应试机器就是十分自然的事。在这种学校文化氛围和教育环境下的课堂教学,必然是体现师道尊严的"一言堂",是应试的"训练场"。基础教育课程改革的深入发展,要求逐步改革学校的教育教学管理。

第二节　让学生在课堂上享有主动学习的权利

不同的教育思想和不同的教学观念,必然有不同的课堂管理。在"传授—接受"式教学模式下的课堂教学,在课堂教学管理上,强调师道尊严、统一规范,忽视学生的个体发展需求和学习能力的差异,课堂像军营,教师专心讲授,学生安心听讲并随时准备应答教师的提问和检查,处于被动学习状态。只有学生的人格、受教育的权利、在全面发展基础上的个性发展需要得到尊重,学生才能主动、积极地参与教学活动。课堂教学方式和学习方式的转变的基本出发点,就是对学生学习权利的尊重。

[案例10-1]童庆炳谈上课

(童庆炳,北京师范大学资深教授、博士生导师,中国文艺学理论领域的泰斗级人物)

你是老师,但你在学生面前绝不能摆老师架子,似乎自己讲的句句是真理。我有一位学生,叫陶东风,他跟了我七年,从硕士生到博士生,他如今已是文学博士、大学教授,在学术界小有名气。他从不当着我的面,说我的好话,我讲着、讲着,突然他会固执地举起手来表示反对,有的同学同意他的意见,试图为他的理论进一步论证,有的同学不同意他的意见,激烈地为我的观点辩护,他们争得面红耳赤,把我这个老师暂时忘掉了,到头来他们往往"两败俱伤",他们主动说咱们还是听听老师怎么说吧,多数情况下总是我的意见占了上风。而有意义的是我讲的一个观点经过这种争论而被学生消化了、发展了,受益的不但是学生,而且还有我自己。

在课堂上,教师应该时刻意识到,站在讲台上不仅仅是教书,更是教人。课堂教学的目标不应着眼于考试成绩,而应该着眼于学生的发展和学习成功的体验。课堂应该成为学生的学习场所,是"学堂",而不应是教师的"讲堂";课堂应该是真实的教和学过程的呈现,不应该是一场"教案剧"。教学目标应该达成,但学生的学习过程不可能都是一帆风顺的,教学有预设也会有调整和生成,即使有遗憾,也不奇怪。教师要真正做到心里有学生,不把课堂教学看成是教师个人的表演,敢于如叶澜教授所言"把课堂还给学生"。只有如此,学生在课堂上才能享有学习主体的地位,享有主动学习的权利,学生的学习动力才能激活,师生间的对话、沟通、情感交流才可能真正发生,学习共同体才得以建立。

　　要让学生在课堂真正享有主动学习的权利,教师要在课堂设计、组织上下功夫,在教和学的方式上做变革。例如:

　　1.教学设计、组织要关注班级学生间的个体差异,不能只凭个人好恶关注部分学生。在只有少数人可以享受教育的时代,"得英才而育之"是快事。在人人都有享受基础教育机会的现代社会,让全体学生都得到关心、帮助,都得到发展,一个也不落下,是教师的职责,也是教师的价值体现。要帮助学习基础和学力相对较弱的学生,对他们要持理解、宽容的心态,要耐心、热情地帮助、鼓励他们。在教学设计、组织上尽可能照顾到不同学生的不同学习需求,如倡导学生间的讨论、交流、分享和互助;在课堂讨论问题的设计、课外作业的布置上,有不同层次、要求的题目,让各种学力水平的学生都有思考、解答的机会。由于我国基础教育的班生数多,学生间学习基础、学力差异大(在一般学校尤甚),在教学设计和组织上做到这点是比较困难的,但是让这些学生体验到教师对他们的理解、尊重和关怀,是最重要的。许多得到学生热爱的"最美教师"的感人事迹就是明证。

　　2.要给学生以表现的空间和时间,让学生有机会发问、质疑,表达自己的看法,展示自己的学习成果,与同学交流。要改变课堂上只有教师的话语权而没有学生话语权的状况。否则,不可能有师生间的交流。当然,学生要习惯于使用话语权、主动地学习,也需要一个过程。每节课也不可能有太多时间让学生表达自己的见解和愿望。但只要教师有诚心,能持之以恒,学生会习惯于有话语权的课堂,学生主动学习的课堂也必然会形成。

　　3.尊重学生的学习体验。要让学生亲历学习的过程、体会知识的形成过程,在学习过程中掌握学习的方法,体会学习的乐趣,包括体验学习困难的苦恼,克服困难、学习成功的兴奋和激动。不要为了赶进度而以教代学,只求学生记住结果或结论。不应为了让学生能"快速解答"问题,用各种题型的解答范例作为工具,让学生用套题模仿的方法来应付考试。

　　4.要坚持原生态的教学,让学生在真实课堂里学习。公开教学、示范教学、课堂教学录像,不能为了显示"教学设计、组织的成功",搞预演、排练或只选取部分好学生上课,让学生配合自己的教学,把教学变成演出。这种不真实的课堂教学,把学生变成陪教师进行教学表演的道具,只会使学生产生反感和对课堂教学的厌倦。

[案例10-2]实验教学要尊重学生的学习主体地位和自主学习精神

化学实验教学是中学化学最重要、最具特色的教学活动。教师在设计组织实验教学中的行为,非常鲜明地表现出教师对学生积极主动参与学习活动的学习权利的认识和态度。

实验教学具有提高学生探究意识、探究能力、理论联系实际和实践能力的重要作用。然而,在化学教学中,教师普遍重视的是化学实验对于提高化学知识和技能学习效果的作用:提高学习化学兴趣,提供感性知识,以帮助学生理解化学概念、原理,提高学习效果和学习效率;运用实验技能,积累实验经验,学会设计、完成实验,提高解答实验试题的能力。对化学实验教学功能认识的片面性,导致对实验教学中学生主动参与实验学习活动权利的无意识和不尊重,甚至从实验对提高书面考试成绩作用有限的经验中得出实验教学"做不如看,看不如听,听不如书面练习"的结论。

戴安邦教授说:"只重视传授化学知识和技术的教学不是全面的化学教育。全面的化学教育要求化学教学既要传授化学知识和技术,更应训练科学方法和思维,还应培养科学精神和品德。化学实验是实施全面化学教育的一种最有效的教学形式。"换言之,实验教学具有训练科学方法和思维、培养科学精神和品德的功能。而达到这一目的,要注意激发学生积极主动、自主学习实验的权利意识,尊重、保护学生积极主动、自主学习实验的权利。

在化学实验教学中,由于教师对实验功能认识片面,加上学校实验设施、实验员配备不足等因素,不少学校或多或少存在着许多实验教学问题。因此实现化学教学的课堂转型,实验教学转型是极其重要的立足点。

(1)确立学生实验学习权利的意识。

漠视学生实验学习的权利表现在:看不到学生观察实验现象、进行化学实验和实验探究的兴趣和渴求,在教学中实验教学被严重削弱。例如,没有注意探索改进演示实验现象的观察效果,班级后排的大部分学生难以观察到显著的实验现象;实验失败了也敷衍了事,认为"实验做过了""出现的问题做了交代、说明就行了";为把更多时间用于讲授和习题讲评,随意减少甚至取消学生实验,用讲实验、解答书面实验试题,让学生机械地记、背教材上写的现象和结果与解释。有的教师在组织学生实验时,重视的是实验现象、结果和实验结论、解释的表述和记忆,以及实验报告的规范填写,却不注重科学态度的培养和良好实验习惯的养成;没有要求学生如实记录实验现象和结果,更不注重实验的过程分析;没有帮助学生体会如何从实验现象、结果得出实验的结论,如何运用已学知识解释实验现象和结果,从中获得新知识。

(2)正确认识实验纪律管理的目的。

实验的纪律管理要严格,目的在于培养学生良好的实验习惯和严谨的科学态度。纪律的养成和管理要晓之以理,用事实并结合学生中出现的错误说明遵守实验室规则对于实验安全、保证实验顺利进行和取得实验成功的重要性。让学生领会到教师对实验纪律的严格管理是对他们的爱护,遵守实验室纪律是进行科学实验应该养成的基本习惯、应有的作风和科学态度。

实验纪律管理,对于实验安全和实验的成功具有重要作用。但是,实验纪律管理不是为了杜绝学生在实验过程中可能发生的失误。不能因为学生发生实验失误,实验没有得到所预期的结果,就批评指责,甚至取消学生进行实验的权利。学习中的失误是正常的,学习的成功是在不断改正错误中取得的。对学生实验中出现的失误要持宽容的态度,帮助学生查找发生失误的原因,允许重做。

中学生在化学实验学习中,不同的个体、同一个体在不同学习阶段,有不同的心理状态,例如新奇神秘感、游戏心理、紧张恐惧、被动应付、厌倦逃避、追求刺激、热心探索等等。化学教学中,教师的教学观念和教学行为对学生的化学实验学习心理有很大的影响。过分片面地强调实验现象的新奇、有趣,试图用实验游戏的表演激发学生的实验学习兴趣,又不注意培养学生观察分析、研究的兴趣和习惯,可能导致学生的游戏心理;对学生实验的失误过分苛责,强调破损仪器要赔偿或化学实验的危险,会使部分学生产生对化学实验的恐惧;在教学过程中教师不经意地把自己对化学实验的敷衍、轻视等错误或片面看法传递给学生,会使学生产生对化学实验的被动应付或厌倦心理。

教师要用自己的教学行为给予学生正面的影响,要通过耐心细致的教育工作对学生不正确的学习心理进行矫治。实验教学中要注意消除学生不健康学习心理的诱因,创造优化学习心理的氛围。例如:兴趣激发上,既要消除神秘感,也要防止游戏化;实验规范的要求上,既要严格要求,也要重视实验条件和环境的优化;实验的管理,既要严格纪律,也要有宽容的态度;实验指导,既要有实验前的说明,也要有实验中的个别辅导矫正;实验操作教学,既要有严格训练,也要有规范的示范;实验观察的指导,既要加强引导和提示,也要提高实验本身的可见度和清晰度;实验教学安排,既要遵循教材的内容和进度,也要依据学生情况,发挥教师的主动性、创造性。

(3)尊重学生在实验学习活动中的主体地位,给予思考和体验的空间和时间。

要营造宽松的实验氛围,让学生能从容地进行实验,仔细地观察,认真地思考实验现象和结果,依据自己的经验和思考对实验结果进行解释说明,或利用实验现象、结果和各种数据作证据,进行逻辑推理、逻辑证明或逻辑判断,获得新知。不应忽略学生自己的思考和体验过程,让学生直接照搬教材的实验结论。

(4)正确认识和处理实验教学中现代教学技术的应用。

应用现代教学技术和加强实验教学二者不矛盾,也不能相互替代。现代教学手段的利用可以降低实验条件控制的难度,提高实验可见度,突破时间、空间对实验的限制,提高实验数据处理的速度和精确度等。利用现代教学技术,在呈现物质及其变化的现象上可以有更好的效果。例如,用摄像和剪辑技术可重现实验,作用时效长,避免了失败的可能且绝对安全;也可以实现时间的延长、跳跃,空间的扩张、紧缩,尺度的放大、缩小,以强调、突出某个细节和过程。通过模拟操作可以完成某些实验操作训练。应用电脑、摄像机和数码相机、数字投影仪可以实现现代教育技术和实验教学过程的整合。实验录像和视频可以作为网上实验教学资源,应用于远程教学,改善实验设施不足的地区和学校的实验教学。

但是,不能用实验录像替代教师的演示实验和学生实验。观察真实实验的现象、自己动手进行实验是学生的化学实验学习权利,不能轻易地剥夺。不能因为利用实验录像省时、省事,不会有失误,就用它完全取代真实的实验。教师自己进行演示实验和讲解,是一种示范,是对学生的面授和指导,是通过实验进行的对话和情感交流。学生自己进行的实验实践活动,是一种真实的体验,是在实验过程中与物质及其变化的对话、互动,是学生自己头脑中设想的实验的物化和检验。比较真实实验和现代教学技术所呈现的实验效果,需要以学生为本,从实验的功能做全面的考量。

第三节　课堂教学管理要保护学生的学习权利

要实现课堂转型,让学生真正享有主动学习的权利,让学生获得生动活泼的发展,需要改革、更新学校的教学管理。

　　"一切为了每一位学生的发展"的教育理念,要求教学管理更多地关注学生的发展,把教学管理的出发点放在促进学生的发展上。学校教学管理的改革、更新,是课堂转型的保证,否则教和学的方式、方法的变革,最终只能流于形式,成为点缀和作秀。

　　在基础教育课程改革全面推进的今天,许多学校都在探索教学管理改革,出现了各种观点和做法。通过交流探讨,可以促进改革向深入发展。

　　[案例 10-3]关于选课、走班和学生、教师管理的改革尝试的讨论有些地区的学校,从适应高校考试招生制度综合改革,从有利于提高高考成绩、提高高校录取率出发,设计高中阶段的教学管理改革。还有一些学校,在课程建设和教学形式上,探索学生选课、走班教学、分层授课的教学管理(简称"选课走班,分层教学"),从学校的自身条件出发,重点建设若干个学科,形成学科特长。在班级管理上,实行教师双岗管理、学生自主管理相结合。行政班与教学班并存,行政班班主任与教学班班主任协同管理,信息互通。为每位高一年级学生配备成长导师,实行跟踪指导。在评价方式的调整上,实行过程性和终结性相结合的综合量化评价、动态发展性评价和高考模拟性评价。采用学生对教师的满意度评价、欢迎度评价和成绩增量评价相结合的方式对教师的工作做评价。

　　2014 年 4 月,中国教育报记者时晓玲发表了文章《10 问十一》,文章介绍了北京十一学校校长李希贵就全国各地高中校长对十一学校改革中最关注的十个问题的回答。从文章中我们可以了解北京十一学校教学管理改革的一些做法和李希贵校长对教学管理改革的看法。下面介绍其中有关改革目标、选课、走班和学生、教师管理改革的部分内容。

　　李校长认为,办一所高中,不研究高考显然是行不通的。在设计整个框架的时候,高考一定是目标之一。但是,高考成绩一定不是唯一的目标,更不是改革的目的。他说:"我们所追求的,一定是从学生的成长需求出发,从他们的人格、综合素养、个性发展综合考虑,为他们搭建合适的成长平台,让他们自我认知、自我唤醒、自我发现,从而形成独立人格、独立思想,最终成为与众不同的自己。这才是教育的根本,也是为他们二十年之后的成功,甚至一生的发展奠基。而对这些教育目标的追求,其实也能帮助我们解决高考成绩的问题。当学生喜欢学校,喜欢他选择的课程;当学生被唤醒,有了内动力,他的学习怎么会没有成绩呢? 我们相信,也正如学校很多教师经常所说的:"如果过程是好的,结果也一定会是好的。"

十一学校实行选课走班以后,给学生自主支配的时间和空间相当开放,但部分学生在自习课等方面也出现一些问题。李校长认为,学生表现出一些问题是非常正常的。学校是允许学生犯错误的地方。教育必须面对一个个有问题的学生,我们必须给他时间、空间,让问题暴露出来,这样才能抓住机会让他成长,无论是学生自己的体验,还是教师创造机会,帮助他度过坎坷。李校长说,任何一种教学组织形式,都会存在某些学生缺乏有效管理的问题。我们的态度是学会等待,不要着急,慢慢地唤醒他。只有这样,学生才能慢慢在自由的空间里学会自我管理的能力,而这种能力是我们特别看重的。我们不会用一个统一的、有序的模式去管理所有的学生,而是针对一个一个学生进行管理。通过过程性评价,以及导师、咨询师、学科教师对他们的关注和陪伴,帮助学生生长出自我管理的能力。李校长认为,我们不能在校园里让学生始终生长不出自我管理的能力,始终处在一个被管理的地位。只有放手才能培养他们的自主、自律意识。我们必须创造一个充满自由的秩序,并让学生在这个环境中学会使用自由——一个不会使用自由的人不会具有独立人格,也十分危险。控制学生很简单,但控制不是教育。

对于选课走班,李校长认为这一教学管理实质上不是分层,而是为了创造适合每一位学生的课程,让不同的学生在学校里能够选到适合他兴趣与能力、适合他未来职业选择与人生方向的课程。他认为,选课追求的境界应该是适合,要打破世俗的快慢班思维。把优秀学生、后进学生分到不同的快慢班里,这是一种传统的思维方式。每一个学生表现在各个学科上的能力和水平都是不一样的,所以对于不同的学科,他应该出现在不同层次的班里,而不是像过去那样把学生各科成绩简单相加,然后分快慢班。李校长说,事实上,学生不存在好坏之分,只是由于发展的差异,他们的学科能力和学科水平会不一样。实施的选课走班,是让每一个学生在不同学科的不同层次和类别的教学班里学习。

李校长还介绍说,十一学校每学期都有教育教学调查,由学生在许多方面对教师做出一些判断,但是这不是评价,而是诊断,这种诊断不用于教师的任何评价,跟教师的名利没有利害关系,只是为了促进教师的成长,让他们能看到学生的需求和感受,然后在某些不足的方面进行改进。李校长说,汇总学生的评价结果之后,我们不会做简单的相加与合并,得出一个数据或排名,而是为每一个指标确定等级,让每一位教师都十分清楚自己在哪一个指标上得到了学生的爱戴和敬佩,在哪些方面有部分学生认可,还有哪些方面需要继续改进。评价给出的信息清楚明白,教师的职业成就感油然而生,发展方向也了然于心。十一学校对教师是慎用评价甚至是疏于评价的,备课、课堂教学、作业批改不纳入教师评价,甚至连考试成绩也要三年后评定,起始的一、二年级成绩不作为评价内容。

十一学校让学生选课但不选教师。他们认为,一所学校最重要的资源是教师,最宝贵的资源也是教师。但是教师确实是千差万别的,无论是他们的教龄、他们的学养,还是他们的教学风格,都是千差万别的,他们必须是一个协作体。一旦造成学生选教师,教师之间的竞争文化就会立刻出现,合作将会被彻底打破,这样的学校不可能培养出有合作精神的学生。同时学校要保持一个适度的压力,如果让学生选教师,教师将不堪重负,就会走过头,会带来很多问题。

教学管理的改革,首要的工作是促进教师教学思想和教学行为的变革,帮助教师认识学生在课堂应该享有的权利,自觉改变传统的课堂管理观念和方式方法。第二,教学管理方式要从用硬性的纪律和行政力量、处分进行控制,转向通过引导、体验式的教育,培养学生的自主、自律意识和自我管理能力。对教师的教育教学工作,要依据我国教师专业标准(试行),制定教师工作的评价指标体系,让教师明确学校的要求,能自觉用规范衡量、评价自己的工作。但是,基于教育工作和教师职业的特点,学校要慎用评价手段(包括组织学生评教),尤其是量化评价手段,就一两次考试成绩、一个短暂的时间段里的工作效果做评价。只有从教师工作对象在较长一段时期里的发展状况来考察教师的工作,才较为科学和客观。第三,教学管理要帮助教师增强学生权利意识,尊重学生的人格和在课堂上应该享有的权利。第四,课堂教学管理要尊重学生的差异。利用选课走班等形式,让学生能找到适合于自己学习水平的教学内容和教学方法,能依据自己的发展需求扬长补短,也能扬长避短,在全面发展的基础上培养个性特长。第五,要为教师、学生之间的沟通和交流创造条件。让每位教师都成为学生的指导教师,负责联系和指导若干个学生的学习生活;让每位教师都成为"班主任",有全面了解学生、和学生沟通交流的时间和空间。倡导过程性评价,让教师及时了解、记录、评价学生的学习表现,及时发现、解决问题。用适当的方式,让每一位教师了解自己在哪些方面得到学生的爱戴和敬佩,哪些方面得到学生的认可,还有哪些方面需要改进。第六,学校要把教师的专业提升(包括专业理念、专业知识、专业能力)放在教师管理的首位。使教师有自觉、有胆识也有能力进行课堂转型的探索。

第四节　改革教学管理，尊重教师课堂教学的自主权

学校在教学管理上，尤其在课堂教学管理上应做相应的改革，赋予一线教师讨论、选择课堂教学模式、教学方法的话语权和自主权。在制定教学常规、集体备课、教研组教学研究活动、听评课活动的制度和活动组织中要尊重教师的权利。

几年来，在探索课堂教学改革的研究中，出现了各种形式的教学观摩活动，促进了课堂转型的进展。但是，有些地区和学校，采取自上而下的强制性的课堂教学改革倾向，一窝蜂地推行某种教学模式，有的地区甚至换个领导即随之更换一种新的教学模式，走向了一种极端。在区域或学校的课堂教学研究观摩活动中，要发动教师、教研员对公开课、观摩课的教学做实事求是的分析评价，尊重一线教师的意见，使课堂转型沿着正确的轨道推进。不能依据一些领导的喜好，不顾及地区的学情、教师条件，按照某些专家的意见强行推行某种教学模式或某种教学研究方式。例如，要求同一年段同一学科的不同教师在不同的班级用统一编写的教案上课，不切实际地用同课异构、虚境教学（教师在没有学生、没有教学场景的状态下面对观摩教师展示某个教学片段）或临时借班上课的方法推出几经打磨演练的优质课。这种课堂教学观摩活动是否是最好的课堂教学研究手段，值得研究。这些活动，从某个侧面研究课堂教学，有其一定的作用。但是，用这些课作为推进课堂转型的榜样或模式，不一定符合课堂转型倡导的方向，不见得能体现课堂转型的内涵。尤其是虚境教学和借班上课，没有学生的课堂，或者陌生的师生间缺乏彼此起码的了解，教师不用考虑学情或不了解实际的学情，凭自己的经验或臆断，依据主观设计的教学需要来设想学生的学习活动和反应，实际上带有浓厚的表演色彩。这种教学不可能让人信服，还有可能使课堂教学异化为教师的"单口相声"。教育教学工作复杂而富有个性。基础教育课程改革、课堂转型，冲破了传统观念的束缚，改变了传统习惯，对每个教师来说都有压力。变革应有一个过程，需要一段时间。每一所学校、每一个学科、每一个年级和班级、每一位教师，在变革中的进程都各不相同。在教学改革过程中，不同学校、不同学科、不同年级和班级的教师对改革的认识理解的程度不同，改革的步伐不同，是自然的。因此，用行政手段全面推进改革，要求所有教师都整齐划一地往前走，并不现实。用强硬的行政措施，靠检查、棒喝，让全体教师统一步调，即使表面上"实现了改革"，其实也只是假象。违背事物发

展规律的运动式的教学改革,不可能有好的效果。应该通过教学管理,了解教师的想法、疑虑,以理解、宽容的态度,用先进启发、带动后进。在很多情况下,后进者裹足不前有其理由,例如,条件尚不具备,缺少方法,或者是领导、带头者操之过急、脱离实际,或采取的一些措施有问题。他们的迟疑,正是有益的提醒,可以促使领导者反思和调整。

组织以课堂教学观察、评价为主的校本教研活动,只有依据教学目标、学情和教师的设计意图,对照教学过程中教师的教学行为、学生的学习行为和学习效果做有理有据的分析,才能帮助教师正确、全面地进行评价,总结经验教训,推动课堂转型。

[案例10-4]运用"同课二次异构"引导教师探讨课堂教学改革同课异构活动是近几年来校本常规教学研究活动的重要形式。一所承担省级教师培训的教育学院的化学研究室,深入基层学校的教学一线,通过调查研究,针对"同课异构"活动的不足,提出了"同课二次异构"的课堂教学研讨模式,在教师培训实践中不断完善,受到一线教师的欢迎,为校本教学研究和教师培训提供了很好的经验。

同课异构一般是由两位或多位教师执教同一课题内容,通过执教教师的说课(教学反思)、参与听课教师的评课做分析研讨。由于种种原因,多数同课异构活动,研讨目标不明确,带有比较浓厚的课堂教学评比色彩,重视课前的教学设计准备和执教教师的课堂教学展示,对课的分析研究不够重视,更没有为课的进一步研究和改进提供实践的时间和空间。授课教师压力大,听课教师往往处于旁听、旁观的状态,没有对课做深入思考和研究。作为课堂教学的改革研究活动,研究、总结、改进、交流、推广的作用和效果不显著。

"同课二次异构"活动,从一线教师化学课堂教学中确定具体的研讨目标和教学内容(课题),组织参加听评课活动的每位参训教师先期独立备课进行教学设计,教研室从中遴选两三位对教学内容设计或教学模式各有特色的教师面向全体教师说课,开公开课。全体教师参加听评课研讨活动。课后执教教师做教学反思,参训教师分小组结合自己的教学设计,评议执教教师的课堂教学设计、组织,分析教学效果,进行探讨交流。在全体参加的公开课教学分析评议汇报会上,各组派代表进行汇报。学科教学专家,从研究课题、目标,公开课的设计组织的方方面面,结合各小组的评议,依据课程标准设定的教学目标和教学内容,从教学指导思想、教学方式、学习方式和教学技能等方面做评析,提出指导性建议。汇报会后,再分组讨论教学设计的改进设想,并推荐一位教师在理解吸收汇报会上研究提出的改进建议的基础上,准备二次同课异构活动的教学设计。教研室再次从各组的改进设计中遴选出 1 至 2 位教师再次开设公开课。课后,再组织教学分析评议。由教师代表和学科教学专家对二次异构的课做分析、点评,总结二次同课异构活动的收获,充分肯定教师自己从一节课的设计组织研究所获得的心得体会,从教学理念、教学思想和学科核心素养培养的高度上做分析评价,把有益的经验与体会迁移、辐射到更广泛的课堂教学中。

"同课二次异构"立足于教师的教学实践活动研究,聚焦教师教学行为改进,倡导参训教师之间的同伴互助,重视名师示范和专家指导,把课堂教学实践的探索扩展延伸到教学研究活动的层面上,促进了教师专业水平的提升。

实践证明,"同课二次异构"是一种较为有效的实践性课堂教学研究形态,能够充分激发教师参与课堂教学研究的主动性,有助于参训教师对教学目标的把握、对教学内容及其教育功能和价值的理解。有助于一线教师对课堂教学做深入的研究,交流、总结优秀的教学经验,发现和改进教学中存在的问题,提升参训教师研究课程标准、教材和教法的意识和能力。改变了过去教师在听评课活动中处于被动地位,重听轻评、重评比轻研究,就一节课论一节课,"听了很激动,回去一动不动"等问题。

学校要依据多数课堂的实际运行状况,把握全校课堂教学的基本情况和特点,了解教师对课堂教学改革的认识程度,以及教师专业水平的现状,在《中学教师专业标准(试行)》的指导下,针对性地开展教师的研修、培训活动,提高教师的"专业理念与师德""专业知识"(包括教育知识、学科知识、学科教学知识、通识性知识等四个领域)与"专业能力"(包括教学设计、教学实施、班级管理与教育活动、教育教学评价、沟通与合作、反思与发展六个领域),提高教师创造性设计和组织教学的能力。这是实现课堂转型的最根本的条件。

学校可以借鉴 20 世纪八九十年代,西方国家一些教育专家提出的被普遍认可的教师学科教学知识(PCK)或学科教学认识(PCKg)的概念,引导教师提高专业素养气学科教学认识是教师个人教学经验、教师学科内容知识和教育学的特殊整合。学科教学认识包括教师对教学法、对学科内容、对学习特征和学习情景等四个构成因素的综合理解。这四个构成因素相互关联、整合在一起,形成一个关于教学认识的融合体。四种要素的整合过程就是教师个体最终形成学科教学认知的过程。依据学科教学认识的概念,教师要综合运用专业学科知识与教育学知识,全面地认识学科教学目的,正确地认识所教课程和教材;要把握特定教学主题的教学策略和知识呈现方式,了解学生对某一主题的理解或可能有的误解,能妥善处理特定教学内容,通过教学设计,组织、呈现教学内容,以适应学生的不同兴趣和能力;帮助学生在特定的学习情景中理解、构建知识。

第五节　依据学业质量标准评价学习质量

化学课堂教学评价应以化学学业质量标准为依据,评估学生在一个阶段的化学学习后学科核心素养获得的发展。从学生学业质量标准的达成度和学科核心素养获得的发展情况,评估教学质量,收集教学反馈信息,改进课堂教学。由于学业质量标准是以课程模块为单元提出的,在形成性学业评价的实施上,还要参照学习主题的学业要求制定评价细则。

学业评价要重视形成性评价,依据各主题的学业要求,通过学生在课堂学习活动中的表现,考察学生的进步和发展。

限于条件,学业水平测试和高考的测试,目前只能通过纸笔测验进行。因此,研究命题如何测试学生的核心素养尤为重要。命题人员要树立“以化学学科核心素养为本”的命题观,构建“以测试学生核心素养为目标”的命题框架体系。测试学生核心素养,实际上就是考查学生运用所学化学知识或跨学科知识(工具),解决不同复杂程度的化学实际问题的关键能力,以及学生的科学精神与科学态度、探究意识和创造性。因此,要以真实情景的问题为测试载体,考查学生在分析、解决问题中所表现出的化学观念、对化学知识的理解和运用能力、探究精神和探究能力。

[案例10-5]通过纸笔测验评价“氧化还原反应原理”学习目标的达成度

“氧化还原反应”是高中化学必修部分主题2“常见无机物及其应用”中的学习内容。《课程标准》规定的学习标准是:知道有化合价变化的反应是氧化还原反应,氧化还原反应的本质是电子的转移,了解生产、生活中常见的氧化还原反应,知道常见的氧化剂和还原剂,能够根据元素化合价认识物质的氧化性和还原性。在该主题的“学业要求”中提出的应该得到发展的学科核心素养,几乎都涉及氧化还原反应的学习。如能利用氧化还原概念对常见的物质和反应进行分类和分析说明;能从物质类别、元素化合价的角度结合有关的反应规律预测物质的化学性质和可能发生的变化,并设计实验进行验证,能用于分析解释有关的实验现象;能利用物质性质设计方案完成简单的分离、提纯、检验和制备等任务,能根据原料与目标物之间的类别与价态关系设计物质的转化路径;能根据物质的性质分析实验室、生产、生活以及自然和环境中的常见问题,能够妥善保存、合理使用化学品;能够分析人类对常见元素及其化合物的应用对社会发展的价值以及对环境产生的影响,能够有意识地运用所学的知识或寻求相关证据参与社会性议题的讨论,如酸雨、雾霾防治、水环境保护、食品安全。

为此,可以设计问题情景复杂程度不等、综合应用知识解决问题的难易程度不等或开放性大小不同的试题,测试学生的学业质量水平和核心素养发展程度。如:

问题1

某反应体系中的物质有:$NaOH$、Au_2O_3、$Na_2S_4O_6$、$Na_2S_2O_3$、Au_2O、H_2O.

(1)请将 Au_2O_3 之外的反应物与生成物分别填入以下空格内。

Au_2O_3+__+__$\longrightarrow$+__+__+__

(2)反应中,被还原的元素是__,还原剂是__。

(3)将氧化剂与还原剂填入下列空格中,并标出电子转移的方向和数目。

__+__……

(4)纺织工业中常用氯气作漂白剂,$Na_2S_2O_3$ 可作为漂白后布匹的"脱氯剂",$Na_2S_2O_3$ 和 Cl_2 反应的产物是 H_2SO_4、$NaCl$ 和 HCl,则还原剂与氧化剂物质的量之比为__。

问题2

(1)实验室中,如何用铁粉制备 $FeCl_2$、$FeCl_3$?

(2)$FeCl_3$ 与氢碘酸反应时可生成棕色物质,写出反应的离子方程式。

(3)高铁酸钾(K_2FeO_4)是一种强氧化剂,可作为水处理剂和高容量电池材料。$FeCl_3$ 与 $KCIO$ 在强碱性条件下反应可制取 K_2FeO_4,写出反应的离子方程式。

(4) K_2FeO_4—Zn 也可以组成碱性电池,K_2FeO_4 在电池中作为正极材料,写出电极反应式、电池总反应的离子方程式。

问题3

有一种简易一氧化碳检测器,外观像塑料信用卡,正中有一个直径不到2cm的透明小窗口,显示夹层中有橙红色固态物质,其成分是:硅胶、氯化钙、$CuCl_2·2H_2O$、

$PdCl_2 2H_2O$、固体酸 $H_8[Si(Mo_2O_7)_6]28H_2O$.

室内一氧化碳浓度超标,CO 与 $PdCl_2 2H_2O$ 反应,有金属 Pd 析出,橙红色物质转变为黑色,且在短时间内不复原。发生反应的化学方程式为__。

若一氧化碳没有超标,生成的少量金属 Pd 和 $CuCl_2 2H_2O$ 作用,变黑的固态物很快复原为橙红色。发生的反应是:

$Pd + 2CuCl_2 2H_2O = PdCl_2 2H_2O + 2CuCl + 2H_2O$

$4CuCl + 4HCl + 6H_2O + O_2 = 4CuCl_2 2H_2O$

分析 CO、$CuCl_2 2H_2O$、O_2 在所发生反应中显示的化学性质。

为什么一氧化碳浓度超标时,橙红色物质变黑后短时间内不复原?

问题 4

疏化铜矿的主要成分是 CuSFeS.

(1)用火法炼铜,从硫化铜矿炼铜的主要反应是:

①$2CuFeS_2 + 4O_2 \xrightarrow{800℃} Cu_2S + 3SO_2 + 2FeO$(炉渣);

②$2Cu_2S + 3O_2 \xrightarrow{1200℃} 2Cu_2O + 2SO_2$;

③$2Cu_2O + Cu_2S \xrightarrow{1200℃} 6Cu + SO_2\uparrow$.

由 1mol $CuFeS_2$ 生成 1mol Cu,共消耗__mol O_2. 反应③中氧化剂为,当有 0.3mol 电子发生转移时,生成 SO_2 的体积为__(标准状况)。

(2)用湿法炼铜,主要工艺是在硫化铜矿粉中加入硫酸和催化剂,通入纯氧,酸浸后经过滤除去矿渣得到副产品硫黄和含有过量硫酸的硫酸铜溶液,再用铁粉置换出铜,并回收硫酸亚铁晶体。反应生成硫酸铜的化学方程式是:__。与火法炼铜相比,湿法炼铜的优点是__。

铜的浸出率受反应温度、固液比、反应时间、氯离子浓度的影响,通过实验中得到这些因素对铜的浸出率影响的变化曲线图如。

根据实验以及工业生产的实验要求,从表 10-1 中可得出最佳工艺条件是__(填序号)。

选项	反应温度/℃	固液比	$c(Cl^-)$molL^{-1}	反应时间/h
A	100	1:5.5	0.7	7
B	95	1:5	0.8	6
C	110	1:6	0.9	8

　　加强和改革学校的教育教学管理,是实现课堂教学转型、贯彻立德树人、发展学生学科核心素养的保证。

　　学校领导和教师要尊重学生的课堂权利,激发学生主动学习的情感需求,唤醒学生的课堂权利意识,尊重、保护学生享有主动学习的权利;教师在教学中要了解学生的生活世界,关注学生发展核心素养的形成和个性发展的独特需要,要保证每位学生都有主动参与学习活动的权利,享有主动选择学习选修课程的权利;在教学实施中,要教育学生、要求教师依据学科核心素养的培养任务和学业质量标准,全面评价学生的成长和教学效果;学校要尊重教师的教学自主权,发挥教学的创造性,通过教学研究和研修活动,激励教师在教学中学习先进的教育教学思想,改变教学观念,提升专业素养,总结教学经验,发挥教学创造性。